내 인생의
호오포노포노

_____님께
드립니다.

내 인생의
호오포노포노

천사들이 들려주는
이야기

이영현 지음

케츠BOOK

 이 책은 이영현 저자의 잠재의식인 '케오라'가 정화와 소통, 그리고 영적인 성장을 추구하는 많은 사람들에게 전하는 통찰이 담긴 메시지입니다.

 이 책을 어른들이 읽는 동화 정도로 가볍게 읽어도 무방하지만, 이 책을 읽다 보면 어느 순간 이것이 단지 어른들의 동화 정도로 치부되기에는 너무나 큰 영감과 통찰 그리고 인생의 비밀과 진리들이 담겨있다는 사실을 깨닫게 될 것입니다.

 '천사들이 들려주는 이야기' 시리즈는 과거 이영현 저자가 '핑크돌고래'라는 닉네임으로 모 온라인 커뮤니티를 통해 6년에 걸쳐 연재되며 수많은 사람들에게 엄청난 반향들과 변화들을 불러일으켰던 에피소드들입니다. 이 책은 그 에피소드들을 한곳으로 모았을 뿐만 아니라 '책'이라는 매체의 특성에 맞게 부분적인 내용과 구성이 수정 및 재편집되었습니다. 그 과정에서 온라인에서는 볼 수 없었던 새로운 내용들이 추가되었으며, '케오라'가 강조하는 '소통'과 '정화'를 통해 변화를 체험한 다양한 분야의 다양한 사람들이 전하는 생생한 경험사례 또한 추가되었습니다.

 이미 온라인을 통해 '천사들이 들려주는 이야기' 시리즈를 접해보았던 독자들이라면 이 책에서 무엇이 새로이 추가되고 바뀌었는지를 찾아보는 것도 이 책을 읽는 데 있어 부수적인 즐거움이 될 것입니다.

 이 추천서를 쓰고 있는 필자는 최면 상담사로서 그리고 트레이너로서 오랜 세월 내담자들과 최면상담을 진행해오며 또한 최면상담 전문가를 양성

하는 일을 해오고 있습니다. 이 과정에서 수많은 사람들의 무의식을 탐구하며 인간 마음의 작동기전을 이해하려 노력해왔었습니다.

이영현 저자를 처음 만난 것은 수년 전 필자가 진행하던 최면 워크샵에서였습니다. 이영현 저자는 한때 호오포노포노를 열심히 실천하던 평범한 여성분이셨습니다. 다만, 일반적인 사람들과 다른 점이 있다면 모든 사물과 생물들을 정화하고 자신의 내면과 자유로이 소통하는 독특한 재능(?)을 갖고 있다는 것이었습니다. 물론 태어날 때부터 그런 능력을 갖고 있었던 것이 아니라, 이것이 지속적인 내면과의 커뮤니케이션의 결과였다는 사실을 나중에야 알게 되었습니다.

사실 개인적으로 이영현 저자의 이러한 재능들에 대해 초기에는 다소 색안경을 쓴 시선으로 바라보기도 했었습니다. 왜냐하면 과거 영성 분야에서 활동하는 수많은 사람들을 만나오면서 적지 않은 수의 사람들이 오히려 갈피를 잡지 못하고 무의식을 기반으로 한 자신만의 환상의 집 속에서 허우적 거리고 있는 것을 보아왔기 때문입니다.

그러나 이영현 저자의 잠재의식인 '케오라'가 전하는 '그것'이 앞서 언급한 사람들의 의식과 무의식이 작화해낸 '그것'들과는 완전히 다르다는 사실을 깨닫게 되기까지는 그리 오랜 시간이 걸리지 않았습니다.

과거 필자는 대부분의 최면사들이 생각하는 것처럼 인간의 의식은 뇌에서 비롯되고 무의식과 잠재의식은 일종의 '프로그램'이라고만 생각하던 때가 있었습니다. 그리고 수천 명 이상의 사람들과의 상담과정에서 실제로 그 무의식적인 프로그램에 의해 유발되는 갖가지 문제들을 보아왔고, 그러한 프로그램들을 수정하면서 많은 사람들이 변화하는 과정들 또한 지켜보았습니다. 때문에 직업적 특성상 이런 무의식의 특성들을 관찰하고 다루며 다양한 경험들을 해왔다고 할 수 있습니다.

최면상태에서 무의식이 의식화되어 표현될 때, 무의식은 뇌 속에 저장된, 우리가 과거에 경험한 정보나 신념, 감정적 에너지 등에 다양한 옷을 입힐 수 있습니다. 때로는 경험했던 기억이나 사건 그 자체로, 때로는 내면의 어린 자아로, 때로는 자신이 믿는 종교적인 절대자로, 때로는 전생이나 귀신의 형태로, 심지어 소설이나 게임 속 판타지 세상이나 꿈의 형태로도 표현될 수 있습니다.

개인적으로 필자는 이러한 수준보다 더욱 깊은 의식의 바닥을 탐구하기 위해 최면의 특화된 분야인 '울트라 뎁스®' 프로세스라는 영역을 공부하며 위에 언급한 일반적인 최면의 영역에서 다루는 접근범위를 넘어선 의식의 바닥 상태를 탐구해왔습니다. 이 과정에서 그동안 인식해왔던 '잠재의식'에 대해 완전히 다른 이해를 갖게 되었습니다.

참고로 '울트라 뎁스®' 프로세스는 최면에서 다루는 가장 깊은 최면상태를 넘어선 의식의 영역을 전문적으로 탐구하는 특화된 최면의 한 분야 정도로 이해할 수 있을 것입니다. ('울트라 뎁스®'를 처음 접하는 독자들의 이해를 돕기 위해 간략히 설명합니다.)

과거 필자는 최면의 파츠 테라피(분아치유) 전문가로서 의식 또는 무의식의 성향인 '파트(분아)'를 다루는 작업들을 십 수년간 해왔기에 그 특징과 양상에 대해 잘 알고 있습니다. 필자가 경험한 '케오라'라는 존재는 분명 의식의 분아도, 무의식의 은유도 아닌, 그냥 '케오라'라는 독립적인 상위의 지성체라고 할 수밖에 없는 존재였습니다.

그녀는 현재의식이 갖고 있는 오감이라는 채널을 넘어서 훨씬 다양한 채널을 갖고 있었으며 이영현 저자 자신에 대해 그 어떤 의사보다 정확한 건강정보를 비롯하여 자신의 과거, 현재, 미래의 인생경로에 대한 완벽한 정보를 지니고 있었습니다. 분명한 사실은 잠재의식은 우리의 생각 이상으로 의식보다 훨씬 월등한 지성체라는 사실입니다.

우리가 이영현 저자의 '케오라'를 '잠재의식'이라 부르는 이유는 '케오라' 스스로가 자신을 '잠재의식'이라 칭했기 때문입니다.

혹자는 이 부분을 '영혼'이나 '상위의 자아' 또는 '가이드/안내자' 또는 '참나', 심지어 그 사람의 의식이 이해할 수 있는 다른 어떠한 명칭으로도 부를 수 있을 것입니다.

현재 이영현 저자는 ABH(미국최면치료 협회)의 공인 최면 트레이너이며 한국 현대최면 마스터 스쿨의 인증된 최면 트레이너입니다. 최면상담 능력 또한 국내 및 해외 어느 곳에서도 뒤처지지 않을 정도의 발군의 기량을 지니고 계십니다. 이영현 저자가 진행하는 최면상담이 이렇게 뛰어난 결과들을 보여주는 이유는 바로 이영현 저자의 작업이 단순히 기계적인 프로세스에 의한 상담이 아니라, 자신과 내담자 간의 '영감'적인 의식들의 협조를 바탕으로 하기 때문입니다. 이러한 부분은 지금껏 수많은 최면전문가들이 간과해왔던 부분이기도 합니다.

이영현 저자는 이미 트레이닝 과정에서 한 가지 특정한 접근법을 습득하면 곧바로 그것을 상담상황에서 녹여내어 그 이상의 결과들을 만들어내는 빠른 습득력과 응용력을 보여주어 필자를 매우 놀라게 만들기도 했습니다. 왜냐하면 필자의 개인적인 경험으로 동일한 접근법을 몸속에 체화하기 위해서 수많은 내담자들을 상담하며 수 년 이상의 기간을 소요한 끝에야 비로소 해당 접근법을 소화할 수 있었기 때문입니다. 사실 그렇게 빠른 습득과

적용능력들은 이영현 저자가 자신의 잠재의식인 '케오라'와의 소통을 행한 결과라 할 수 있습니다. 이를 통해 필자 역시도 상담사의 입장에서 내담자의 잠재의식과의 소통에 기반한 '영감'적인 작업이 얼마나 중요한지를 실감하는 계기가 되었습니다. 이것은 비단 최면상담뿐만 아니라 다른 어떠한 분야에도 동일하게 적용될 것입니다.

또 한 가지 언급하고자 하는 중요한 사실은 잠재의식인 '케오라'는 이영현 저자에게만 있는 특별한 존재가 아니라는 사실입니다. 울트라 뎁스®의 거장 제임스 라메이 선생은 40여 년 전부터 씨코트 상태에서 수많은 사람들의 '잠재의식'과 소통해왔으며, 그 대부분의 기록들이 우리가 한국에서 '케오라'와 또 다른 '잠재의식'들에게 들었던 그것과 일치하고 있습니다. 바로 이 글을 읽고 있는 독자인 당신의 내면에도 언제나 당신과 소통하길 원하는 '잠재의식'이라는 진정한 '나'라는 존재가 있다는 사실을 인식하기 바랍니다.

우리 모두는 각자의 목적을 갖고 이 삶에 왔습니다. '케오라'라는 잠재의식은 이영현 저자의 이생의 가장 큰 목적이 '정화'라고 말했습니다. 우리에게 '케오라'라는 잠재의식이 다른 잠재의식들과 다르고 독특하게 느껴지는 이유는 바로 이생의 목적 때문일 것입니다. 분명한 것은 지금 이 순간에도 '케오라'와 이영현 저자는 그녀와 닿는 모든 것들을 정화하고 있다는 것입니다.

케오라를 통해 몇 년간 저 자신을 비롯한 주위사람들에게 소통과 정화의 측면에서 놀라운 변화들이 일어났습니다. 때때로 과학적으로 설명할 수 없는, 그러나 분명히 현실에서 보여지는, 눈으로 보고도 믿을 수 없는 일들이 일어나기도 했습니다. 자신의 잠재의식을 찾으면서 소통과 정화를 통해 인생의 경로가 송두리째 전환되는 놀라운 사례들이 지금 이 순간에도 일어나고 있습니다.

우리는 수많은 지식과 정보들이 넘쳐나는 시대에 살고 있습니다. 우리의 현재의식은 지금 이 시간에도 새로운 지식들을 밝혀내고 있고, 또 기존에 밝혀진 지식들을 뒤집어버리기도 합니다.

과연 뇌를 기반으로 한 우리의 논리적인 의식은 우주의 몇%나 제대로 이해할 수 있을까요?

그렇게 똑똑하고 합리적이라 생각하는 우리의 현재의식은 과연 정말로 합리적인 행동을 하고 있을까요?

'나'는 누구일까요? '나'는 '내' 자신과 '내' 인생에 대해서 얼마나 알고 있을까요?

이 책은 머리로 읽는 책이 아닙니다.

이 책을 읽을 준비가 되었다면, 오랜 시간 쌓아왔던 똑똑한 지식과 정보로 가득 찬 머리는 잠시 내려두시기 바랍니다. 이 책을 읽는 동안 그것들은 아무런 도움이 되지 못하니까요.

이 책의 마지막 장을 덮을 때, 여러분은 그 이유를 알게 될 것입니다.

문 동 규
ABH(미국 최면치료 협회) 마스터 최면 트레이너
울트라 뎁스® 한국 지부장/ UD에듀케이터
한국 현대최면 마스터 스쿨 대표

이야기를 시작하기에 앞서…

2005년, 저는 그 해를 잊을 수가 없습니다.

제 인생에서 가장 큰 용기를 내어 작은 사고를 친 해였기 때문입니다.

지금은 해외여행을 간다는 것이 누구에게나 자연스러운 것이겠지만 그 당시만 해도 해외여행은 특별히 부자이거나 유별난 사람들만 가는 것처럼 여겨지던 시절이었습니다. 적어도 당시의 제게는 해외여행이라는 것이 그렇게 느껴졌습니다.

제 기억에는 미국 여행을 비자 없이 갈 수 있게 되면서부터 본격적인 장거리 해외여행 붐이 일기 시작하지 않았나 싶습니다. 어찌 되었든 그 당시에 미국 여행을 가려면 미국 대사관에서 엄격한 심사에 통과하고 비자를 받아야만 가능했었습니다.

그 해의 어느 날, 문득 '여행을 가야겠다'라는 생각이 들었습니다.

'이렇게 더 있다가는 숨이 막혀서 못 살 것 같아. 너무 답답해. 일단 떠나자. 어디? 그래. 미국이 좋겠어. 영화로만 늘 보던 미국이란 곳엘 가보자…'

저는 평소 용기 있는 사람이 아닙니다.

주변 상황이나 주변 사람들의 눈치도 잘 보고, 손해가 되거나 욕 들을만한 짓은 하지 않는 신중한 사람이기도 합니다.

그런 제가… 절대 돈도 없고, 절대 시간도 없고, 절대 환영받을 상황도 아닌 상태에서 무모하게 그런 생각을 하게 되었고, 내면에서 한 번 일기 시작한 그 생각은 순식간에 제 심장을 뒤흔들며 당장 가자고 자신을 졸라대기 시작했습니다.

그렇게 결국 홀로 여행을 떠나겠노라고 주변 사람들에게 선언부터 해버린 후, 일을 내팽개치고 어디를 가냐며 황당해 하는 주변 사람들의 원망은 철저히 외면한 채, 홀로 비자발급 심사를 받기 위해 부산에서 서울로 향했습니다.

유난히 추웠던 그해 겨울, 미국 대사관 밖에서 덜덜 떨면서 몇 시간을 기다린 끝에 인터뷰를 하게 되었습니다. 그때 인터뷰 하시던 분이 의심스런 눈빛으로, 여자 혼자 여행을 간다니 혹시 불법체류를 하러 가는 게 아닌가 하고 연신 질문을 해대었습니다.

아무튼, 그렇게 겨우 비자를 발급받게 되고… 전 정말 몇 개월 전까지만 해도 생각조차 할 수 없었던 모험을 하게 되었습니다. 그냥 모든 걸 다 뒤로 하고 미국으로 날아간 거죠.

누가 들으면 몇 년 유학이라도 간 줄 알겠지만, 앞서 '큰 용기 작은 사고'라고 했던 것처럼 그 당시의 저에게는 며칠간의 여행도 큰 용기가 필요했습니다.

태어나서 처음으로 혼자 떠났던 여행….

워싱턴 광장 벤치에 앉아 여유를 만끽하고 있었습니다.

너무나 낯선 땅, 낯선 사람들, 낯선 공기….

그때 갑자기 내면에서 이상한 일들이 일어나기 시작했습니다.

눈앞이 하얗게 변하면서 마치 꿈속에 있는 듯 정신이 나갈 것 같은 현기증이 밀려왔습니다. 온 세상이 빙글빙글 돌기 시작하고 내 머릿속도 함께 빙글빙글 돌아가기 시작하더니 이내 순간적으로 모든 세상과 내 머릿속이 함께 멈춰버린 것 같은 착각이 들었습니다.

정지화면처럼 말입니다. 일순간 '시간'이란 것에 정지 버튼이 눌려진 듯 했습니다.

갑작스럽게 몰아친 혼돈 속에서 겨우 정신을 차리고 보니, 한바탕 폭풍우가 휩쓸고 간 가슴속 그 자리에 선명한 결심 하나가 남아있었습니다.

'나를 위해 살자. 내 인생이니까 나만을 위해 살아보자.'

저는 그때 처음으로 제 모습, 제 인생을 바라봤던 것 같습니다.

태어나서 지금까지 살아온 제 인생은 제 것이 아니었다는 걸 그때 처음으로 깨달았습니다.

누군가의 딸, 어느 학교 학생, 누군가의 친구, 어느 회사의 직원, 어느 상사의 직속 부하, 누군가의 언니… 그 많은 역할에 매여서 다른 누군가의 기대와 실망에 신경 쓰고….

또 이 상황에 적합한 말과 행동들을 골라가며 조금이라도 주변에 해가 되지 않도록 조심조심 살아온 내 자신이 보였습니다.

이미 세상이 만들어놓은 내 인생의 틀 속에서, 빗나가지 않고 남들처럼 똑같이 살아가는 게 최선이라고 믿으면서 살아온 내 자신이 보였습니다.

내가 인생을 만들고 있는 게 아니라 만들어진 인생에 질질 끌려가고 있는 내 모습이 보였습니다. 그 속에 있을 땐 너무나 당연하게 느껴졌던 것들이 한발 물러서서 객관적으로 보니 정말 이상하게 보이기 시작했습니다.

'나는 도대체 뭘까….

왜 내가 주인이 되어야 하는데 인생이 주인 역할을 하고 있고 난 인생의 눈치를 보면서 살고 있는 걸까… 도대체 누가 내 인생을 만들고 있는 거지? 지금 내 모습이 정말 내가 원하는 모습인가….'

마치 온몸을 감고 있던 밧줄이 일시적으로 풀려나간 듯, 그래서 그동안 통하지 않고 있었던 뜨거운 피가 일순간 온몸에 퍼지는 듯했습니다.

그제서야 내 안에도 뜨거운 열정이란 것이 있다는 것을 깨닫게 되었습니다.

저는 사실 그동안 스스로 밧줄에 묶여있었다는 것조차 인식하지 못한 채 살아왔던 것입니다.

감고 있던 밧줄을 풀고서 나를 돌아보니 그것이 보이더군요.

저라는 사람은 누구보다 절절하게 자유롭게 살기를 바란다는 사실도 말입니다.

그렇게 저는 그때 처음으로 제 자신을 보고 제 인생을 보면서 결심을 했습니다.

'나를 위해 살자!'라고 말입니다.

지금 생각해보면 그때… 처음으로 '자각'이란 걸 했던 것 같습니다.

그리고 그것을 계기로 저의 인생은 서서히 방향을 틀기 시작했습니다.

물론 제가 그 결심을 매일 같이 반복하면서 뭔가 의식적으로 노력을 했던 것은 아닙니다.

늘 그렇듯 다시 일상으로 돌아와 '달콤한 꿈이었지…'하며 금방 망각해버렸습니다.

하지만 깨어있는 상태에서 가슴 뜨겁게 했던 나를 위한 그 결심은 저의 깊은 곳에 있던 잠재의식을 깨웠고, 제 잠재의식은 그때부터 제 인생의 방향을 틀기 시작했습니다.

'기억'을 위해 돌아가고 있던 인생을 '나'를 위한 인생으로 말입니다.

그것은 마치 주인 없이 망망대해를 떠돌던 배에 어느 날 선장이 나타나 정확한 항로를 잡은 것처럼 인생에 제대로 된 박차가 가해지는 느낌이었습니다.

아마 무모한 그때의 여행이 없었더라면, 그때 용기를 내지 못했더라면 이 글을 쓰고 있는 지금의 저는 결코 존재하지 않았을 것입니다.

있는 그대로를 유지하는 데는 용기가 필요 없습니다. 인내만 있으면 그럭저럭 할 만합니다.

하지만 변화에는 용기가 필요합니다.

저는 이 자리를 빌려서 진심으로 제 자신에게 이 말을 해주고 싶습니다.

'그때 용기 내어줘서 너무나 고마워.

그리고 나를 위하겠다고 결심해줘서 너무나 고마워.'

어느 날, 우연히 인터넷에서 신간으로 소개된 책 하나가 눈에 들어왔습니다.

당시 『시크릿』 열풍으로 자기계발에 관한 책들이 쏟아지고 있었고 저 또한 뭔가 특별한 도구들을 찾고 있던 시기였는데 그때 저의 눈에 띈 책이 바로 『호오포노포노의 비밀』이었습니다.

아무런 기대 없이 그 책을 읽어가던 중 내면 깊은 곳에서 '바로 이거야. 정화. 바로 이거야!'라는 강한 울림이 들려왔습니다.

그렇게 그 한 권의 책을 통해 제 인생을 바꿔놓은 '정화와 소통'이라는 새로운 길이 펼쳐지게 되었습니다.

이후 호오포노포노의 휴렌 박사님 세미나에 참석하고 열심히 저의 내면과 소통을 하기 시작하면서 나날이 완전히 새로운 세상을 맛보게 되었습니다.

제 안에 있는 수많은 기억들과 감정들… 그리고 그것들이 만들어내고 있는 내 인생의 적나라한 모습들… 또 그 내부 깊숙한 곳에 있는 가장 순수하고 지혜로운 나의 내면인 '잠재의식'을 만나게 되었습니다.

저는 제 잠재의식을 '케오라'라고 부릅니다.

호오포노포노 세미나에서 휴렌 박사님이 추천해주신 두 가지 이름 중 하나입니다.

사실 처음부터 정화와 소통이 순조롭게만 이어진 것은 아닙니다.

호오포노포노를 알기 전의 저라는 사람은 따지고 분석하기 좋아하고 뭐든 논리적인 것이 아니면 따라가지 않는 사람이었습니다. 눈에 보이지 않는 것은 무조건 믿지 않았고 보이는 세상이 전부라고 믿으며 살던 사람이었습니다. 저의 전공이 컴퓨터와 통계학이어서 더더욱 눈에 보이는 데이터나 증거를 절대적으로 중요시하며 살아왔습니다.

그런 저에게 내면과 소통을 하고 사물들과 교감을 하는 휴렌 박사님의 모습은 아주 낯설었습니다. 외부세상이 다라고 생각하던 저에게 보이지 않는 내면을 들여다보는 일은 몹시 어려운 숙제였습니다.

그럼에도 불구하고 하루하루 정말 꾸준히 정화와 소통을 해왔던 지난날을 돌이켜보면 호오포노포노를 알게 된 것이 마치 운명이었다는 생각이 듭니다.

아무튼 그렇게 비판적인 생각과 끊임없는 의심으로 시작된 정화와 소통이… 어느 날부터인가 내 안에 스며든다는 느낌이 들기 시작하였습니다.

'이게 뭐야… 내면이랑 어떻게 대화해? 사물이랑 대화를 한다고? 아! 이걸 계속해야 하나….'

늘 투덜대면서도 포기하지 않고, 정화하고 또 소통을 위해 내면에 집중하고… 그렇게 몇 년을 하다 보니 마치 가랑비에 옷 젖듯이 서서히 내면의 느낌들이 선명해지기 시작하고 딱딱하게 굳어있기만 한 줄 알았던 세상 모든 것들이 마치 살아있는 듯 신선하고 강렬하게 느껴지기 시작했습니다.

'아~ 이런 거구나. 바로 이런 느낌이야. 내 내면에 이렇게 많은 것들이 있었다니….'

점점 선명해지는 내면의 느낌들을 어느 순간부터는 구체적인 메시지로 풀어내게 되었습니다. 물론 그 메시지들 중에는 내 안의 오랜 기억들과 정보들이 만들어내는 것도 있었고 정말 호오포노포노에서 말하는 영감적인 메시지도 있었습니다.

이 책에서 '케오라'라고 부르는 존재는 기억 너머에 존재하는 가장 순수하고 본질적인 저의 내면을 말하는 것입니다. 적어도 영감적인 부분에 초점을 맞추기 위해 저는 '케오라'라는 이름을 늘 불러왔습니다.

사실 내면의 소리를 기억과 영감으로 명확하게 구분한다는 것은 불가능했지만, 수년간 정화와 소통을 해오면서 반복적으로 들려왔던 어느 부분의 메시지들은 저의 인생을 송두리째 뒤흔들며 저라는 사람을 변화시키고 저의 인생 또한 바꿔놓았습니다.

그렇게 저는 기억을 만나면 정화하고 케오라의 메시지를 만나면 존중하면서 여기까지 오게 되었습니다.

　이쯤에서 호오포노포노에서 말하는 내면 구조와 이 책에서 말하는 내면 구조가 '서로 다른 부분이 있다'는 것을 벌써 눈치챈 독자가 있을지도 모르겠습니다.

　이 부분에 대해서 엄밀히 말씀드리자면, 이 책은 호오포노포노 책은 아닙니다.

　호오포노포노로 시작된 정화와 소통이 온전히 나의 것으로 체화되는 과정에서 생생하게 체험하게 된 놀라운 경험담과 영향력 있는 내면의 메시지를 담은 책입니다.

　어느 날, 케오라가 저의 정화와 소통과정에서 얻은 개인적인 경험들을 다른 사람들을 위해서 알리는 게 좋겠다고 했습니다. 그래서 또 한 번 용기 내어 시작한 것이 네이버의 모 인터넷 카페에 연재하기 시작한 '천사들이 들려주는 이야기' 시리즈였습니다.

　이 책은 바로 이 시리즈를 모아서 많은 부분을 보충하고 다듬어서 엮은 것입니다.

　주관적인 체험을 바탕으로 하고 있는 이 글들을 논리적이고 분석적인 머리로만 읽다 보면 '뭐야! 이거 완전 미친 거 아냐'하며 책을 던져버리고 싶을지도 모릅니다.

　저 또한 처음 정화와 소통을 시작하면서 수많은 의심과 회의감이 올라왔었으니까요.

　하지만 분명한 것은 그렇게 경험하는 불편함이 바로 여러분의 '심층의식'이란 것입니다.

　케오라는 제게 우리의 내면을 '현재의식'과 '심층의식' 그리고 '잠재의식'이라는 세 가지 부분으로 설명해주었습니다.

　이것 또한 절대적인 기준의 단어들은 아닙니다.

그저 저의 잠재의식이, 저라는 현재의식이 내면을 이해하는 데 있어 가장 적합한 형태의 언어적인 표현을 한 것이기 때문입니다.

사실 여러분들의 잠재의식은 여러분들의 의식에 맞는 또 다른 표현을 내놓을지도 모릅니다.

한때는 지구가 네모 모양이라고 여겨졌던 것이 사실이었던 것처럼 이 세상에 절대적인 기준의 사실은 없으니까 말입니다.

어찌 되었든 우리의 내면은 '나'라고 인지하고 있는 가장 표면적인 **현재의식**과 그동안 경험하고 받아들였던 수많은 정보와 기억들 그리고 그 객관적인 기억과 정보로부터 묻어나온 수많은 감정들이 응축되어있는 감정체… 이것들을 하나로 지칭하는 **심층의식**과 위의 것들과는 별개로 가장 아래에 존재하고 있는 우리의 순수한 본질인 **잠재의식**으로 이루어져 있다고 합니다.

기억들과 감정체가 존재하는 심층의식은 흔히들 무의식이라고 표현되어지기도 하는데 케오라는 이 부분이, 사실 프로그램 같은 기억과 일방적인 감정체임에도 불구하고 너무나 절대적이고 섬세하게 현재의식에 영향을 주고 있기 때문에 마치 또 다른 현재의식이 심층에 존재하고 있는 착각을 일으킨다고 해서 심층의식이라는 표현을 쓴다고 했습니다.

쉽게 얘기하자면 기억들 속에 있는 수많은 '나'라는 존재가 마치 살아있는 듯 지금의 나를 지배하거나 절대적인 영향을 주고 있다는 말입니다.

마치 까마득한 과거의 기억이 지금의 '나'인 양 말입니다.

지금의 저는 호오포노포노와는 별개로 최면을 전문적으로 사용하는 최면전문가이기도 합니다.

열심히 정화와 소통을 해오던 중, 최면을 배우게 되면 훨씬 도움이 될 것이라는 내면의 메시지를 따라 공부를 시작하게 되었던 것이 지금은 '최면전문가' 그리고 전문가를 양성할 수 있는 '최면 트레이너' 자격까지 갖추고 활동을 하게 되었습니다.

최면전문가로서, 실제로 사람들과 최면상담을 진행하다 보면 어릴 적 기억의 '나'가 생생하게 존재하면서 그 모습 그대로 활동하고 있다는 것을 종종 확인하게 됩니다.

그리고 우리의 현재의식은 이렇게 심층의식이 나라고 착각하면서 살게 됩니다.

최면을 통한 상담 세션을 진행할수록 막연했던 내면의 기억들과 그 영향력을 직접 확인하게 되었고 정화와 소통이라는 것에도 더 강한 신뢰와 확신이 들게 되었습니다.

무엇인가에 비판하고 판단하려고 하는 것은 전형적인 기억과 감정체의 모습입니다.

내가 가진 것과 다른 사람의 것을 비교하고 분석하려는 것은 기억의 프로그램에서 나온 오랜 습관입니다.

우리의 잠재의식은 소중한 시간을 남과 비교하면서 보내지 않습니다.

매 순간 나에게 가장 유리한 것을 스스로 찾아내어 내 앞에 가져다 놓습니다.

지금 여러분들 손에 있는 이 책처럼 말입니다.

여러분! 기왕 돈을 주고 구입한 책이라면 내게 유리한 것 하나쯤은 가져가야 하지 않을까요? 여러분의 잠재의식의 노고를 생각해서라도 말입니다.

그렇다면 이 책에서 여러분이 가져가야 할 것은, 철저한 분석력으로 내린 옳고 그름의 판단력은 결코 아닙니다.

그동안 키워왔던 비판과 분석력을 잠시나마 내려놓음을 가져가십시오.

그러기에 이 책은 너무나 완벽합니다.

왜냐하면 아주 비논리적이고 아주 황당하며 주관적이기 때문입니다.

내면에서 끊임없이 올라오는 꿈틀거리는 비판의 욕구를 살펴볼 아주 좋은 기회일 것입니다.

그동안 늘 해왔던 생각의 패턴을 바꾸는 것….

그리고 늘 '이게 맞아'라고 확신해왔던 나의 틀을 잠시 내려놓는 것….

그것만으로도 여러분들의 인생은 엄청나게 가벼워질 수 있을 것입니다.

내가 '사실'이라고 믿어왔던 두꺼운 벽을 허물고 보면 비로소 인생에 한계가 없다는 것을 알게 될 것입니다.

이 책을 다 읽고 돌아서는 여러분들의 모습을 스스로 보시기 바랍니다.

천사들이 들려주는 이야기 시리즈는 6년 동안 이어져 왔습니다.

6년이라는 시간 동안 저는 많은 성장과 변화를 겪어왔습니다. 실제로 이 시리즈가 중반으로 넘어간 이후에 최면전문가로서 활동을 하기 시작했습니다.

6년의 시간이 길었던 만큼 천사들의 이야기 또한 앞편과 뒤편의 느낌이 많이 다르다는 것을 독자들이 직접 읽어나가면서 느끼게 될 것입니다. 저의 성장 과정을 그대로 보여주는 부분이기도 하죠. 주로 초반에는 새로운 자극으로 다가왔던 사물과의 메시지들이 주를 이룬다면 후반부로 갈수록 통찰의 메시지가 체계적으로 다루어져 있습니다.

어색하게 시작되었던 앞편의 이야기들을 편집 없이 그대로 둔 이유는 저의 변해가는 모습을 독자들에게 솔직하게 보여드리고 싶었기 때문입니다.

여러분들도 제가 그랬던 것처럼 조금은 어색하고 조금은 낯설지만 그래서 더 가벼운 마음으로 첫 에피소드를 읽어나가시기 바랍니다.

그리고 제가 그랬던 것처럼 책의 후반으로 가면 갈수록 정화와 소통이 자신의 일부가 되듯 자연스러워지고 체계적인 통찰의 메시지를 자신의 것으로 완벽히 만들어가시길 바랍니다.

2016년 5월
이 영 현

차례

내 인생의 호오포노포노

천사들이 들려주는 이야기

천사들이 들려주는 이야기 1

** 첫 번째 여행 이야기, 일본

일본 여행을 갔었을 때의 이야기입니다.

비행기에서 내리자마자 일본을 정화하며 받았던 제 느낌은 약간 차갑고 차분하며 냉소적인 것이었습니다.

하루 내내 정화를 해도 묵묵부답…. 그 다음 날 비로소 입을 열더군요.

"너의 첫 여행을 일본으로 와줘서 고마워."

"아닌데. 난 다른 나라들도 이미 여행을 많이 해봤고 일본도 두 번째 온 건데…."

"몸으로 하는 여행이 아니라 영감으로 하는 진짜 여행은 이번이 처음이 잖아."

"와~~ 정말 그러네."

그렇게 일본과 인사를 하고 둘째 날 관광에서 원숭이 쇼를 보게 되었습니다.

수많은 관광객이 자리를 메우고 무대에 원숭이가 등장하기만을 기다리던 중, 함께 있던 일행과 "무대 뒤에 있는 원숭이가 이것도 쇼라고 떨릴까…"라는 대화를 나누었습니다. 그리고 곧 원숭이 한 마리가 목에 줄을 달고 조련사의 손에 이끌려 나오더군요.

그때 원숭이가 말을 걸어왔습니다.

"너희가 물었지. 내가 무대 뒤에서 떨리냐고… 그래 떨려… 너무 떨려. 실수해서 굶게 될까 봐 떨리고 실수해서 맞을까 봐 떨려."

"이런… 정말 몰랐어. 그랬구나. 미안해."

"인간이 가장 신과 닮았다고들 하지. 신과 가장 닮았다는 너희 인간이 우리에게 하는 짓을 잘 봐. 나도 너희처럼 어미가 있고 새끼가 있어. 너희 새끼가 이렇게 끌려와 목줄하고 갇혀서 죽을 만큼 힘든 훈련을 받고 있다면 그래도 너희가 웃을 수 있을까. 내가 왜 천장만 보고 있는지 알아? 너희 웃는 모습이 보기 싫어서야."

수많은 사람들이 깔깔 웃으며 넘어갈 때 저 혼자 미친 사람처럼 펑펑 울고 있었습니다.

생각 없이 하는 우리 인간들의 행동들이 얼마나 많은 동물과 사물들에게 고통일지 왜 모르고 살아왔을까요.

하물며 우리 모든 인간들을 담고 있는 이 지구는 얼마나 힘들어하고 있을까요.

언젠가 독도 문제를 다룬 다큐멘터리를 보며 케오라에게 물었습니다. 독도는 정말 어느 나라 땅이냐구요. 그러니 이렇게 대답해주더군요.

"독도는 지구 땅이지."

마지막 날, 일본 여행에서 태평양 바다를 보며 물었습니다.

"나에게 인생의 진리 한 가지를 알려주지 않겠니?"

그러자 이런 말을 해주었습니다. 아직도 어리석은 제 의식이 그 의미를 다 이해하지는 못했지만 말입니다.

"삶에서 일어나는 모든 사건들은… 무언가를 깨닫게 해주기 위한 반복의 연속이야. 그 메시지를 알아차리는 순간 그 반복은 끝이 나게 될 거야."

천사들이 들려주는 이야기 2
** 천사의 메시지, 보틀팜 나무와 비행기

내면 깊은 곳에서 나오는 메시지나 여러 사물들이 보내는 메시지는 언어로 표현되는 게 아닙니다.

제가 일어를 모름에도 불구하고 일본에서 원숭이와 교감을 했듯이 영감과 교감의 언어는 느낌입니다. 그 느낌들이 의식을 거쳐서 언어로 표현되어지는 것입니다.

실제로 케오라와 대화를 주고받기 시작하면서 많은 부분에서 좌절하고 헤맸습니다. 내 기억에서 비롯된 감정과 케오라를 구분할 수 없어 생기는 기대와 실망감에 수십 번 정화와 소통을 포기하려고도 했었죠.

또한 사물들에서 나오는 안개 같은 막연한 느낌을 언어로 표현하는데도 많은 실수와 혼란이 있었습니다.

물론 꾸준히 정화와 소통을 하다 보면 그 느낌이 점점 선명해지고 언어로 표현하는 데도 조금씩 능숙해지기 시작합니다만 여전히 느낌이라는 언어는 낯설기만 합니다.

그래서 전 아마 이생의 마지막 순간까지도 제가 하는 사물들과의 소중한 교감에 대해 여러분에게 "100% 사실입니다"라는 말은 하지 않을 것 같습니다.

몇 해 전에 있었던 일이지만 결코 잊혀지지 않는 실수가 있습니다.

호오포노포노에서 말하길 부를 정화한다는 보틀팜 나무에 대한 이야기입니다.

우여곡절 끝에 구하게 된 두 그루의 보틀팜 나무 중 하나는 '아룬'이라고 이름 지어서 저희 집에 두었고 또 하나는 '아라'라고 이름 지어 친척에게 선물하였습니다.

그렇게 아룬이를 정성껏 돌보고 있었는데 어느 날부터 '물… 물… 물…'이란 메시지를 계속 보내는 것입니다.

'물이라고.' 전 그걸 저의 의식을 섞어 '아~ 물을 더 달라는 말이구나. 겨울이니 건조할 테지….' 이렇게 해석해버렸습니다. 그렇게 며칠 동안 물을 듬뿍듬뿍 준 후 어찌 된 일인지 조금씩 잎이 누렇게 변하기 시작하더니 결국은 전체가 다 시들어버렸습니다.

알고 보니 보틀팜은 열대과의 식물이라 물을 많이 주면 뿌리가 썩는다고 합니다.

그것도 모르고 '물을 주지마…'라는 메시지를 반대로 해석해버린 거였죠.

제가 아룬이를 죽게 했다는 죄책감에 한동안 우울했습니다.

하지만 전 아직도 시들기 직전 아룬이가 마지막으로 제게 남긴 메시지를 기억합니다.

"난 인간과 달라서 죽는다는 표현이 맞지 않아. 난 죽는 게 아니야. 모습을 바꾸는 거지. 아픔도 고통도 없으니 너무 힘들어하지 마. 그리고 곧 다른 모습을 하고 너한테 다시 돌아올 거야. 약속해. 보이는 모습에 대한 너의 선입견만 내려놓는다면 날 한눈에 알아볼 수 있을 거야."

그렇게 몇 년이 흘렀습니다.

작년 명절에 우연히 아라가 있는 친척 집엘 가게 되었는데 안타깝게도 아라 또한 우리나라의 추운 겨울을 이기지 못하고 시들어버렸다고 하더군요.

안타까운 마음에 처분도 하지 못한 채 마당 한구석에 그대로 두었다고 하셔서 보러 갔습니다.

그곳에서 우리 모두는 너무나 신기한 광경을 보게 되었습니다.

시들어버린 아라 옆에, 아무도 씨앗을 심지 않았다는데 빨간 열매가 예쁘게 달린 넝쿨이 풍성하게 자라있는 것입니다.

그 친척분은 '새가 씨앗을 떨어뜨리고 갔나…'하시더라구요.

그 열매 넝쿨을 보면서 가슴 깊은 곳에서 울림이 전해왔습니다.

'아룬이가 모습을 바꾸고 왔구나…'.

참… 근거 없는 일로 보이실 테지만 전 그렇게 가슴으로 알 수 있었습니다.

완전한 소멸은 없는 듯합니다.

그저 모습을 달리할 뿐 그들의, 우리의 여행은 그렇게 계속되고 있을지도 모릅니다.

아픈 실수도 있었지만, 사물과의 교감에 있어 큰 통찰을 얻었던 일이 훨씬 많습니다.

다음의 일화도 제가 의식적으로 성장을 하는데 도움을 얻었던 비행기에 관한 이야기입니다.

미국 라스베가스행 비행기를 타고 가던 중, 전 여느 때와 같이 정화를 하고 말을 걸었습니다.

"안녕… 난 미키야… 정화해줘서 고마워."

"아~ 이름까지 있구나. 미키라고… 네가 직접 지었니?"

"날 처음 만들고 조종해준 분의 이름이 미키였어. 그 사람이 너무 좋아서 그 이름을 쓰는 거야."

"그렇구나. 내게 전해주고 싶은 메시지가 있니?"

전 정화를 하고 교감을 하면 늘 그 대상에게 진리를 이야기해달라고 부탁합니다. 그들이 들려주는 관점과 이야기들은 평생 획일화된 정보와 선입견, 옳고 그름에 대한 관념 속에 갇혀 살았던 저를 자유롭게 해주니까요.

"이야기해 줄 수는 있지. 하지만 다 네 안에 있는 내용들이야. 난 네 안에 있는 것들을 그냥 꺼내놓을 뿐이야. 너희가 잠시 잊어버리고 사는 그 부분을 말이야. 창밖을 볼래?"

"하늘이 엄청 맑구나. 눈부셔. 얼마나 높이 있는 거지? 구름이 훨씬 아래
에 있네…."

"그래. 눈부시게 밝지. 하지만 지금 땅 위에는 엄청난 비가 쏟아지고 있
어. 의식이 구름 위에 있다면 항상 고요할 거고 의식이 구름 아래에 있다면
거센 비바람과 번덕을 다 겪어내야 하지."

우리 안의 가장 순수한 영혼은 구름 위에 존재할 겁니다. 지금 이 순간 난
어디에 있나요.

순수한 영혼과 함께 평화를 느끼고 있나요. 아니면 구름 아래에서 비바람
을 맞고 있나요.

미국 여행을 끝내고 돌아오는 비행기는 약간 예민한 상태였습니다.

"바보… 바보… 바보…."

"뭐라고. 내가 잘못 이해한 건가?"

"바보… 바보… 바보…."

"왜 나보고 바보라고 하니?"

"너희 나라에 도착하자마자 네가 바보 같은 짓을 할 거니까…. 바보… 사소한 것 때문에 소중한 것을 잃어버리는 바보."

그때는 그 의미가 뭔지를 전혀 몰랐습니다. 여행을 끝내고 돌아와 며칠 뒤에야 그 이유를 알았죠.

정화를 하기 전의 저는 아주 까칠하고 자존심 강한 사람이었습니다.

그 오랜 습관이 또 나와버린 것입니다.

별일 아닌 일로 정말 소중한 제 친구와 크게 다투고 우정을 잃었으니까요. 정말 바보가 딱 맞았습니다.

그리고 비행이 끝나갈 무렵 착륙을 앞두고 비행기가 더욱 긴장하고 있는 게 느껴졌습니다.

"왜 그렇게 긴장하니? 다들 경력 많은 파일럿분들이잖아. 믿어봐."

"모르면 가만히 있어……."

그때 착륙을 시도하던 비행기가 3번을 실패하고 오르락내리락을 반복하더니 결국 엄청난 충격으로 쾅~~~!!!!

그 충격에 스튜어디스실 서랍 속 음식물이랑 물통이 와르르 쏟아질 정도였으니까요. 왜 그렇게 긴장할 수밖에 없었는지 알겠더군요.

한 번은 서울에 가기 위해 국내선 비행기를 탔을 때였습니다.

정화를 하고 인사를 주고 받고….

"그런데 너 그거 아니? 네가 다른 교통수단보다 훨씬 비싸다는 거. 그래서 널 타보고 싶어도 평생 한 번도 못 타보고 죽는 사람들이 많아."

"왜? 왜 타고 싶은데 날 못 타? 정말 이상하군."

"돈이란 게 많이 들어서야. 돈이 없는 사람들은 비싸서 탈 수가 없지."

"그래? 그럼 내가 너한테 부탁 하나 할게. 나중에 네가 비행기를 타고 싶어도 탈 수 없는 사람들 다 모아서 비행기 꼭 타볼 수 있게 해줘."

이런… 전 부자가 아닌데 말입니다. 하지만 전 그때 소원 한 가지가 더 생겼습니다. 죽기 전 꼭 한 번은 재산을 다 털어서라도, 비행기 한 번 못 타본 분들 제주도 2박 3일 여행이라도 보내드리자구요.

정화는 모든 존재를 깨웁니다. 그들이 살아있음을 느끼는 순간 생명력이 생기고 교감이 이루어집니다.

언젠가 제가 케오라에게 이런 질문을 했었습니다.

"왜 그 모든 걸 정화하고 깨워야 하지? 왜 그 모든 것에게 생명을 줘야 하지?"

정화나 소통이란 것에 대해, 늘 의식 한쪽에서는 '이게 무슨 짓이야…'하고 있었기 때문에 했던 질문이었죠. 그러니 케오라가 저에게 이렇게 묻더군요.

"그럼 왜 신은 인간을 창조하고 생명을 줘야 하지? 모든 존재는 깨어나길 원해. 모든 존재는 인정받길 원해. 원하는 것을 줘. 줄 수 있는 능력이 너희에게 충분히 있으니.

그리고 또 하나, 그들이 곧 너니까. 그 모든 존재가 결국은 네 안에 있으니까…. 넌 그들을 깨우는 게 아니야. 넌 그들을 정화하는 게 아니야. 넌 네 자신을 정화하고 네 자신을 깨우고 있는 거야. 그렇게 네 영혼이 진화하는 거지."

천사들이 들려주는 이야기 3

** 천사의 메시지, 지하철

사람들과 상담을 하는 것은 저에게 결코 쉬운 일이 아닙니다.

제가 물론 똑똑한 사람이 아니라서 그럴지도 모릅니다.

상대방이 진지한 사연을 내놓을 때나 심각한 인생 이야기를 풀어 놓을 때면 더더욱 바짝 긴장하고 들어야 합니다.

무엇 하나 놓치지 않아야 위로를 해도 제대로 할 수 있고 조언을 하려 해도 제대로 할 수 있으니까 말입니다. 또한 그렇게 신중하게 듣고 신중하게 말을 하더라도 그 말에 상대방이 어떤 반응을 보일지 전전긍긍하며 살펴보게 됩니다.

그러니 얼마나 피곤했겠습니까….

하지만 이제는 누군가를 대할 때 한 가지만 살핍니다. 제 마음 하나만 살핍니다.

그 사람이 쏟아내는 정보들에 흔들리고 있는지, 동요되고 있는지 내 마음을 정화하면서 고요하게 그 사람을 바라봅니다.

그 고요함은 그 사람 너머에 있는 고요한 진실에 조금씩 다가갈 수 있도록 도와줍니다.

하지만 저에게는 타인의 인생 전체를 좌지우지할 수 있는 권한이나 능력은 없습니다. 아마 이건 저뿐만이 아니라 모든 사람들에게 마찬가지일 것입니다.

우리가 태초의 신이 아닌 이상 타인의 인생을 이렇게 저렇게 내 마음대로 설계하고 바꿀 수 있는 능력은 없다는 것입니다. 그들의 인생은 그들의 몫입니다.

다만 정화를 하고 상담을 한다는 것은, 그 사람의 내면 깊은 곳에서 무시당하고 있던 잠재의식을 자극시켜 깨우고 현재의식 또한 깨워서 스스로 해결해나갈 수 있는 힘을 실어준다는 것입니다.

다시 말해 그 사람의 현실 속에 존재하는, 이미 현실로 재생되어있는 기억들을 스스로 바라보고 비켜나갈 수 있도록 도와준다는 것이지, 제가 그들의 신이 된다는 것은 아닙니다.

자신의 내면을 바로 볼 수 있는 것만으로도 인생을 살아가는데 아주 중요한 통찰이 일어나게 되고, 자신 안에 너무나 순수하고 큰 본질이 있음을 알고 받아들이는 것만으로도 스스로 인생을 변화시키기 시작합니다.

사람들을 상담하면서 가끔은 그들에게 스승이란 소리를 듣기도 합니다만 전 스승이기보다는 가이드에 가깝다고 생각합니다.

전 사람들을 가르치고 싶지 않습니다. 그럴 만큼 많은 걸 알고 있지도 않구요.

제가 하고 싶은 것은 정화와 소통을 하려는 사람들에게 힘을 실어주는 것뿐입니다. 조금 더 열심히 해왔다는 이유로 말입니다.

제가 때론 꽃 한 송이 나무 한 그루에서 저에게 필요한 소중한 메시지를 얻었듯이 천사 글에서 또한 여러분 각자의 소중한 메시지를 얻어가시기를 바랍니다.

오래전의 일입니다.

부산 지하철 1호선을 타고 시내로 향하는 길이었습니다. 늘 그렇듯이 지하철을 정화했습니다.

"자주 타면서도 고마운 줄 모르고 탔었구나. 정말 미안해. 용서해줘. 사랑해. 늘 고마워…."

그때 심장 깊숙이 원인 모를 두려움과 공포감이 몰려왔습니다.

"무서워… 너무 끔찍해… 너무 무서워….'

"왜? 뭐가 무섭다는 거니? 이렇게 많은 사람들이 타고 있는데 뭐가 무섭니?"

"나한테 뛰어들어 자살하는 사람들이 너무 무서워. 너무 끔찍해. 죽고 나면 날 떠나지 않고 붙어 다녀. 너무 싫어. 너무 끔찍해."

"네가 강해지면 그런 것들이 다 가버릴 거야. 그러니 힘내."

"똑같이 부딪히고 똑같이 상처를 받았는데 사람들은 죽은 사람만 수습해가. 아무도 날 돌봐주지 않아. 나도 큰 충격과 상처를 받는데 아무도 알아주지 않아."

순간 가슴이 먹먹해지면서 할 말이 없어졌습니다.

"정말 미안해. 정말 미안해. 정말 미안해….'

이말 밖에는… 하지만 제 정화가 부족했는지 돌아오는 순간까지 제 뒤에서 "무서워. 무서워…"하더군요.

그날 밤, 저녁 뉴스를 우연히 보는데 오후 5시경 부산 1호선 좌천동역에서 60대 남자가 자살을 했다는 것입니다.

그때 받은 제 충격이란… 왜 그렇게 가는 순간까지 무서워했는지 그제서야 알았습니다. 앞으로 불과 몇 시간 뒤 일어날 일을 미리 알고 그렇게 떨었던 거였습니다.

전 울면서 밤새 정화를 했습니다.

"정말 미안해. 우리를 용서해줘."

한 번은 지하철을 타고 가면서 이런 얘기를 주고받았습니다.

"이렇게 많은 사람들을 하루 종일 태우고 다니려니 정말 힘들 것 같아. 얼마나 무겁니? 정말 고마워."

"아니… 물질적인 무게는 무겁지 않아. 수많은 사람들의 엄청난 생각들이 무겁지. 그 생각들이 뿜어내는 기운들이 버거워. 그래도 네가 정화를 해주니 한결 좋아. 고마워."

"아~ 그렇구나. 그런데 정말 궁금한 게 있어. 정화를 하면 너희는 어떤 느낌이 드니? 정화라는 게 너희를 어떻게 만드는 거니? 정말 궁금해."

"음~ 그럼 너희 일상생활 속에서 가장 비슷한 이미지를 보내볼게. 느껴봐."

그렇게 지하철이 제게 보내준 이미지는 두 가지였습니다.

한 가지는 오랫동안 목욕을 하지 못하고 있다가 오랜만에 시원하게 목욕을 하는 이미지, 또 한 가지는 땀을 뻘뻘 흘리며 산을 오르다가 정상에 도착해 시원한 바람을 쐬는 이미지였습니다.

그러고 보니 예전 어떤 초상집에 갔다가 정화를 하니 그곳이 이런 말을 반복해서 했었는데 같은 느낌이었나 봅니다.

"아~ 가벼워. 가벼워… 정말 가벼워…."

정화는 내 자신을 깨우고, 내 자신이 깨어나면 주변도 함께 깨어납니다. 깨어나 봐야 내가 지금껏 자고 있었다는 사실을, 내가 지금껏 세상의 본모습을 전혀 보지 못하고 눈 감고 있었음을 자각할 수 있습니다.

흔히 인생을 여행에 비유하죠.

케오라가 저에게 이런 말을 한 적이 있습니다.

"눈을 감고 하는 여행이 얼마나 위험하고 덧없는가…."

앞에 있는 돌부리도 못 보고 아름다운 풍경도 못 보니 그 말이 맞네요.

천사들이 들려주는 이야기 4

** '시크릿'과 정화

'호오포노포노'를 알기 전 먼저 접했던 것은 '시크릿'이었습니다.

아마 지금 저의 이야기를 듣고 계신 여러분들 중에도 많은 분들이 『시크릿』이라는 책을 읽으셨으리라 생각됩니다. 읽진 않으셨더라도 시크릿이나 시각화에 대한 것은 다들 아실 겁니다.

요즘 소원을 이루는 테크닉들이 워낙 트랜드처럼 유행하고 있으니 말입니다.

저 또한 『시크릿』을 읽은 후 열심히 정말 열심히 원하는 걸 끌어오기 위해 시각화를 하였습니다.

어떤 부분은 신기할 만큼 금방 이루어지고 또 어떤 것은 매번 실패로 돌아가고….

'왜지? 왜 어떤 사람은 시각화에 성공하고 또 어떤 사람들은 아무리 해도 안 되는 걸까? 왜 어떤 부분은 시각화가 이루어지고 반면 또 어떤 부분은 전혀 먹히질 않을까? 시크릿… 시각화… 어떤 원리일까?'

『시크릿』을 읽고 시각화를 해보신 분들이라면 이런 의문점 한 번쯤은 다들 가져보셨을 것입니다. 이런 저의 막연했던 의문을 케오라가 조금은 풀어주었습니다.

시각화를 다룬 많은 책들을 보면 한 가지 강조되지 않은 부분이 있습니다.

다들 '생생하게 상상하기' 어떤 특정 장면을 '반복해서 상상하기'에 대해서는 아주 상세히 기술하고 있지만 정작 정말 중요한 '횟수의 부분'에 대해서는 놓친 책들이 많은 것 같습니다.

케오라는 대부분 사람들이 시각화에 실패하는 원인에 대하여 횟수에 대한 지적을 합니다. 내가 원하는 장면을 상상하고 반복할 때 그 횟수가 아주 중요하다는 것입니다.

그 횟수를 넘기도록 반복하면 집착이 되어 오히려 결핍의 정보로 반대현상이 일어나고, 그 횟수를 채우지 못하면 내면에 제대로 입력이 되지 않아 무시되어 없어지고 맙니다.

그 횟수는 이루고자 하는 내용에 따라 매번 다릅니다.

상상의 장면을 반복할 때(당연히 그 장면에 푹 빠져서 집중하고 있겠죠.) 어느 순간이 되면 내 의지랑 상관없이 다른 장면으로 화면이 바뀌어버리는 순간이 옵니다. 그때가 바로 시각화가 완료되는 순간이며 바로 그 시점에서 멈추어야 합니다. 그리고 잊어버린 후 때를 기다리면 됩니다.

저 같은 경우는 여행을 시각화하면서 가고 싶은 곳에서 사진을 찍는 장면을 계속 반복해서 떠올렸습니다. 수십 번을 반복한 후 갑자기 사진 찍던 장면에서 그 사진들을 현상하고 있는 장면으로 넘어갔습니다.

여기서 다시 한 번 주의해야 할 것은 내 의지가 다음 장면을 만들어내는 것이 아니라 저절로 장면이 바뀐다는 것입니다. 그리고 만약 제대로 시각화가 되어서 저절로 장면이 바뀌었다면 그전에 시각화를 위해 반복했던 장면들은 신기하게도 먼 곳의 기억처럼 선명하게 떠오르지 않게 됩니다. 시각화의 장면들이 우리의 현재의식으로는 잡히지 않는 깊은 무의식으로 들어가 버린 것입니다.

그렇게 시각화를 완료한 후 그것들을 잊어버리고 있었습니다.

그런데 3개월쯤 뒤, 실제로 그렇게 원하던 미국 그랜드캐넌에 갈 수 있는 여건이 마련되었습니다.

그 외에도 이 같은 방법으로 원하는 것을 얻었던 가장 기억에 남는 것은 보틀팜과 치포트 배지(호오포노포노에서 사용하는 정화도구)였습니다.

호오포노포노 세미나에 가기 전부터 치포트 배지가 너무 가지고 싶어서 사야겠다고 다짐을 하고 있었는데, 세미나 당일 문의해보니 정화물품 중에 하필 배지만 빠졌다는 겁니다. 아쉬운 마음에 일본 스태프분에게 어떻게 구할 수 없느냐고 사정을 했지만 없다고 했습니다. 하지만 전 포기하지 않고 그날 밤 시각화를 완벽히 하고 잠들었습니다.

그리고 다음 날, 그 스태프분이 절 조용히 부르시더니 자기도 믿을 수가 없다며… 어젯밤에 짐 정리를 하던 중 하와이 스태프분 가방 속에 배지 한 통이 딸려왔다는 것입니다. 그렇게 저는 원하던 배지를 얻을 수 있었습니다.

그리고 '호오포노포노'에서 말하는 부의 지혜를 담고 있다는 보틀팜 나무… 우리나라에서는 정말 구하기가 힘들었습니다.

온 시내 화원을 다 다녀봐도 비슷한 것들만 있고 우리나라에 수입되어 들어오는 나무들 관리하는 곳까지 다 연락해봤지만 구할 수 없다고 했습니다.

하지만 전 다시 시각화의 힘을 빌리기로 하였습니다.

그리고 얼마 후, 정말 마지막이다 생각하고 갔던 화원 가게 입구에서 전 갑자기 심장이 미친 듯이 요동치는 것을 느꼈습니다.

'아~ 보틀팜이 있구나. 이곳에….'

역시나 들어가 보니 그 화원 사장님이 대학 시절 개인적으로 좋아서 소장하고 있던 보틀팜이 있는 것입니다.

그렇게 또 한 번 시각화의 위력을 느꼈습니다.

그럼 시각화와 정화는 어떤 관계가 있을까요?

시각화의 결과는 내 현재의식이 이루어 주는 게 아닙니다.

내면의 힘, 바로 잠재의식이 이루어주는 것입니다.

우리의 현재의식이 원하는 것에 초점을 맞추게 되면, 우리의 잠재의식은 심층의식 속에 그것에 맞는 자원이 있는지 아니면 반대로 장애가 될 만한 것들이 있는지를 살펴보고, 또 그것이 정말 우리의 인생에 유리한 것인지에 대해서도 살펴본 후, 최종적으로 가장 적절한 타이밍에 그것을 내놓기 위해 움직이기 시작하는 것입니다.

물론 이것도 원활한 소통으로 의식적 바람이 잠재의식의 깊은 곳까지 전달되었다는 전제하에서 말입니다.

잠재의식과 현재의식 사이에 커다란 기억의 벽이 있어 소통이 되지 않고 있다면 사실상 시각화의 내용물은 그 벽에 부딪혀 잠재의식 앞에 가보지도 못하고 튕겨 나오고 맙니다.

예를 들어 평생을 '난 궁핍하다'고 믿고 살아온 사람이 '난 10억짜리 아파트를 산다'라고 시각화를 한다면 이미 '평생 난 궁핍해…'라는 심층의식의 벽이 '웃기고 있네. 내 주제에…'라고 말하면서 바로 튕겨낸다는 말입니다.

그래서 시각화를 하기에 앞서 끊임없는 정화와 소통이 먼저 이루어져야 합니다.

정화와 소통이 되어야 내 소원이 내 잠재의식에까지 전달이 되고 그렇게 되어야 나의 잠재의식이 그것을 이루기 위해 장애물의 정보가 있다면 그것을 치우고, 도움이 되는 정보가 있다면 활용해서 가장 좋은 타이밍에 나의 물질 세상에 내놓을 수 있는 것입니다.

내가 건강의 부분에선 시각화가 이루어지는데 사랑에 대해선 시각화가 이루어지지 않는다면 그건 건강에 대한 기억은 정화가 되어있는데 사랑에 대한 기억의 벽은 두껍게 막혀 있다는 것입니다.

'난 사랑받을 자격이 없어' 등의 기억에서 생성된 심층의식의 벽이 나의 소원을 바로 밀어내고 있는 셈이죠.

소원을 이루는 시각화에 대해 다시 정리를 해보겠습니다.

시각화로 소원을 이루고자 한다면 '정화와 소통'이라는 일상 속에서, 그것에 '맞는 횟수'로 해야 합니다.

앞서 말씀드린 것처럼 정화와 소통이 되고 있지 않다면 내 신념의 벽에 걸려 내면으로 들어가지 못하게 되거나, 들어가더라도 반대의 장애에 걸려 이루어지기 힘듭니다.

정화로써 내 현재의식의 욕심이나 기대를 내려놓고 소통으로 내 잠재의식에게 부탁했다면 이젠 그것이 이루어지는 데 필요한 횟수를 지켜야 합니다.

어떤 부분은 3번 만에 끝이 나고, 어떤 것은 50번을 반복해야 다음 화면으로 넘어갈 때가 있습니다. 또 어떤 것은 수백 번을 반복해도 그 자리에 머물러 있어 그냥 포기할 때도 있습니다.

시작하자마자 바로 끝나는 것은 내가 바라기 전에 이미 그것에 대한 자원이 내 내면 속에서 세상에 나올 타이밍을 기다리고 있기 때문일 수 있습니다.

그리고 비교적 빠르게 넘어가는 경우는 그것에 반대되는 신념의 벽이나 기억이 없고 내 인생에 유리한 것이라 잠재의식이 판단했을 때 바로 공백에 그것을 그려 넣는 것입니다.

수십 번 또는 그 이상이 걸리는 것은 그것에 반대되는 심층의식의 벽이 두껍거나 그것에 장애가 되는 기억이 많아서 그것을 뚫고 들어가는 데 시간이 걸리는 것입니다. 반복하면서 그것에 반대되는 기억들이 조금씩 희석되어가는 것이죠.

그래서 꼭 소원을 위한 시각화가 아니더라도 즐겁고 긍정적인 상상을 자주 하는 것만으로도 큰 정화가 될 수 있습니다.

마지막으로 아무리 반복해도 그 자리에 머물러있는 것은 심층의식 속의 기억이나 신념의 벽이 너무 두껍거나 잠재의식 차원에서 그것이 궁극적으로 나에게 유리하지 않다고 판단한 경우입니다.

그런 경우에는 쿨하게 포기하십시오.

잡고 늘어져 봤자 집착이 반대의 기억만 더 강화시킬 뿐입니다.

시각화를 하다 보면 반대현상을 겪는다는 분들이 계십니다.

예를 들어 '돈이 들어온다'라고 시각화를 했는데 오히려 돈이 나가는 것입니다. 그런 경우가 바로 횟수를 넘긴 집착이 '난 궁핍해'라는 원래의 신념이나 기억을 강화시킨 것입니다. 그런 경우는 충분한 기간 먼저 정화와 소통에만 집중하며 가는 게 훨씬 빠른 길입니다.

그런데 말입니다. 참 이상하죠. 이렇게 케오라에게 시각화의 팁을 얻었음에도 불구하고 정화가 깊어지면서 오히려 시각화를 하지 않게 되었습니다.

어차피 내 인생에서 무엇이 가장 유리한지는 내 잠재의식이 잘 알고 있을 텐데 알아서 완벽한 때에 완벽한 것을 줄 거라고 믿게 되는 것입니다.

내 의식이 바라는 그것이란 것이 실은 정말 나한테 그렇게 중요한 것일까요? 어쩌면 내 잠재의식이 더 나은 것을 위해 준비 중일도 모르는 일입니다. 나는 소심하게 '사탕 하나만 줘'라고 하지만 실은 사탕을 10개 줄려고 준비 중일지도 모릅니다.

나는 '이 사람이 최고야'라고 하지만 실은 더 멋지고 나와 잘 맞는 사람을 이어주려 준비 중인지도 모르는 일입니다.

그래서 저는 시각화를 과감히 버리고 늘 일상 속에서의 정화와 소통에만 신경 씁니다.

이 순간 내 앞에 일어나는 모든 상황과 이만큼의 물질이 나에게 가장 완벽하고 유리한 것임을 믿기만 합니다.

우리의 잠재의식은 절대로 우리를 배신하지 않습니다.

잠재의식이 곧 '나'이기 때문입니다.

언젠가 물질에 대한 대화를 나누던 중 케오라가 저에게 이런 말을 하더군요.

"의식은 시간에 늘 매여 살아. 누군가 100만 원을 준다고 하면 아~ 감사하구나 하면서 완벽한 때를 기다리면 되는데 바로 이렇게 묻지. 언제 주는데? 내일? 모레? 도대체 언제 준단 말이야?"

"하지만 그럴 수밖에 없어. 왜냐하면 지금 100만 원은 나한테 당장 필요하지만 내가 죽기 직전에 100만 원을 준다면 그건 그냥 종이나 마찬가지잖아."

"네가 말하는 너 자신의 본질이자 가장 순수한 잠재의식인 내가 그냥 종이를 너에게 줄 정도로 바보로 보이는 건 아니지. 지금 너에게 100만 원을 준다면 그냥 생활비나 이런저런 소비로 며칠 사이에 없어지고 말 테지만 5년 뒤 네가 여유가 생겨서 돈이 아쉽지 않은 때에 누군가 100만 원을 준다면 넌 당장 필요하지 않은 그 돈을 그냥 친구의 권유로 주식에 넣어버릴 수도 있고, 나중에 그 주식이 대박이 나서 1억이 된다면 과연 그 100만 원을 언제 받는 게 가장 완벽한 때인 걸까. 현재의식의 시각으로는 가장 완벽한 때를 알 수 없지. 오직 잠재의식만이 알고 있지. 그러니 현재의식으로 정하는 그때라는 것이 얼마나 어리석나."

상담을 진행하던 중, 상담받던 분이 저에게 이런 질문을 한 적이 있었습니다.

"법정 스님같이 훌륭한 분이 왜 폐암으로 돌아가셨을까요? 그런 분이 왜 그런 고통 속에서 돌아가셨을까요? 정말 슬퍼요."

그 난감한 질문에 제 현재의식이 당황해하고 있을 때 케오라가 이렇게 말하더군요.

"누가 법정 스님이 고통스럽다고 하던가요? 그분은 폐암의 고통 또한 소유하지 않으셨습니다."

천사들이 들려주는 이야기 5

** 천사의 메시지, 바다와 버스

우리의 의식적인 시각은 어떤 존재에 대해서든 1%밖에 보지를 못합니다. 정작 진실과 본질은 99%의 보이지 않는 세상에 존재합니다.

인간의 눈은 그 1%를 보면서 자기가 모든 것을 알고 있다고 믿고 끊임없이 만들어내는 생각들과 계획들에 상당히 만족해하기도 하고 때론 좌절하기도 하면서 살고 있죠.

정화를 하고 나의 내면을 보기 시작하면서, 내 어깨를 누르고 있는 생각이란 짐을 보고 깜짝 놀랐습니다. 주위를 둘러보니 저뿐만이 아니라 모든 사람들이 무거운 짐을 하나씩 메고 다녔습니다. 더욱 놀라운 것은 이 무거운 짐들이 사실 우리를 위해 해주는 것은 거의 없다는 것이었습니다.

실제 우리의 인생… 우리 눈에 전부라고 보이는 이 물질 세상을 돌아가게 하는 것은 숨겨진 99%의 세상에 다 있었습니다.

내면의 자원인 정보와 기억들이 뿜어내는 보이지 않는 에너지들에 의해 나의 세상이 움직이고 있었습니다.

누군가를 만났을 때, 전 상대방에게 이런 말을 먼저 하곤 합니다.

"우선 그 짐(생각)부터 내려놓고 이야기를 시작하죠."

'생각'이 없는 존재들은 물질적인 형상이 아니라 본질을 봅니다.

조금 더 정확하게 표현하자면 보는 것이 아니라 에너지를 느낀다고 해야 할 것입니다.

우리가 보는 1%의 물질이 아니라 내 안에 있는 99%를 봅니다.

그 99% 속에는 내 깊은 내면의 본질을 비롯한 과거의 기억들, 생각들 그리고 그 모든 게 뿜어내는 에너지들이 존재합니다.

그리고 그 에너지들이 만들어내는 인과법의 결과들, 즉 다시 말해 앞으로 일어날 일들에 대한 정보까지도 봅니다.

사실 제 인생에 대한 상당히 많은 부분을 케오라와 때론 사물들이 미리 이야기해주기도 합니다. 내 앞날을 어느 정도 알고 간다는 것이 처음엔 참 당황스럽기도 했지만 이젠 당연하게 되었습니다.

눈을 뜨고 가는 여행이 당연하듯이 말입니다.

천안함 사건 때 있었던 일입니다.

처음 사건이 일어났을 때에는 언론에서 암초에 의한 사고일 거라고 보도하더군요. 아무튼 사고 다음 날, 전 바다에 갈 일이 생겼고 바다를 정화하며 물었습니다.

"왜 그렇게 잔인한 짓을 했니? 모두 나라를 지키는 너무 고마운 군인들인데 왜 그런 짓을 했니?"

"내가 너희에게 묻고 싶은 말이야. 왜 인간들끼리 그런 잔인한 짓을 하니? 왜 같은 모습을 하고 그런 짓을 하니?"

또 비슷한 경우는 예전 터키에서 지중해를 정화하며 생긴 일이었습니다.

저희 단체가 유람선을 타고 있었습니다.

"안녕. 지중해! 지중해는 처음이야. 반가워."

"아니. 난 널 잘 알아. 우린 처음이 아니야. 미국에서도 봤고 일본에서도 봤고 너희 나라에서도 자주 봤지."

"아 바다의 이름은 인간이 정해놓은 것일 뿐이고 결국 바다는 다 하나라는 말이구나."

"그래. 맞아. 그리고 이 배에서 내릴 때 약간의 문제가 생길 거야. 너희 일행 중 한 명이 가볍게 다칠 수도 있어. 그러니 네가 조심하라고 미리 말해주는 게 좋을 거야."

제가 무슨 예언가도 아니고 멀쩡한 배를 가지고 어떻게 일행에게 그런 말을 하겠습니까. 결국 아무런 말도 못하고 그냥 있을 수밖에 없었습니다.

그런데 설마 했던 일이 벌어졌습니다. 배가 항구에 닿는 과정에서 꽤 강한 충격이 생겼고 이 과정에서 먼저 일어나있던 분이 넘어져서 팔을 다치게 되었습니다. 그제서야 후회가 되었습니다.

정화를 하다 보면 이렇게 난감한 일이 가끔 생기기도 합니다.

그리고 바다가 이런 말도 했습니다.

"살면서 뭔가 복잡해지고 꼬인다는 느낌이 들 때 이걸 명심해. 그 순간에 가장 쓸데없는 건 네 머리에서 나오는 '생각'이란 걸. '생각'이 만들어내는 환상을 가장 조심해야 할 거야."

또 얼마 전엔 버스를 정화하였는데 그 버스도 비슷한 말을 해주었습니다.

제가 매일 타는 버스여서 반갑게 인사하고 정화를 했습니다.

"안녕. 너무 좋아. 네가 타줘서. 또 정화를 해줄 테니까. 아~ 정말 좋아. 좋아…"

"넌 참 쾌활하구나. 넌 내가 어떻게 보여? 얼마 전 비행기랑 한 약속이 있는데 내가 그 약속을 지킬 수 있을 만큼 부자가 될 수 있을까?"

"부자? 그런 건 모르겠고 네 안에 반짝반짝 빛나는 것들이 가득 차 있는데… 그럼 부자인 건가? 비어있는 사람들도 많거든."

"그래? 아~ 기분 좋은걸. 너무 고마워. 그렇게 말해줘서."

"그게 뭐가 기분 좋은 일이야? 참 이상하군. 파란 옷을 입은 사람에게 파란 옷을 입었다고 얘기하고 모자를 쓴 사람한테 모자를 썼다고 하는데 그게 기분 좋은 일인 건가?"

"음~ 왜냐면⋯ 인간들 눈에는 그런 것들이 보이지 않기 때문이야."

"정말!! 와 재밌다. 하하하."

"넌 참 많은 말을 해주는구나. 그럼 내가 한 가지 또 물어볼 게 있는데⋯ 내 안에 진리가 있다는 건 알겠지만 뭔가 아직도 많은 부분이 막혀있는 것 같아. 저수지처럼 말이야. 꽝~하고 터졌으면 좋겠는데 가끔 답답할 때가 있어."

"넌 바다가 막혀있다고 생각하니? 막혀있지도 않은 진리를 어떻게 터트리라는 거니. 하하하하."

"내가 너무 사소한 걸 가지고 심각하게 고민하고 있지?"

"아니. 사탕을 빼앗긴 아이의 심각함보다는 덜한걸."

"아무튼 그렇게 얘기해주니 또 고마워. 오늘 참 사람이 많구나."

"그래. 이 버스 안에 사람은 많지만 이 버스 안에 존재하는 사람은 아무도 없어. 지금 너 하나밖에는⋯."

"뭐라고? 그게 무슨 뜻이니?"

"이 버스 안에 사람은 많지만 이 버스 안에 존재하는 사람은 아무도 없어."

"아~ 이 순간 이 버스 안에 있다는 걸 자각하고 있는 사람이 아무도 없다는 거구나. 다들 아이 생각, 남편 생각, 돈 생각 등등 이런저런 생각들 안에 존재하고 있다는 거구나. 너무 중요한 걸 나에게 깨닫게 해주는구나. 정말 눈물 나게 고마워."

"하하하. 내가 고마워서 눈물이 난다고? 그럼 정화를 해주는 너에겐 내가 고마워서 대성통곡을 해야겠군."

언제인가 케오라가 어떤 문제를 놓고 몇 날 며칠을 고민하고 있는 저에게 이런 말을 해주었습니다.

"네 머리가 그 문제를 붙잡지만 않는다면 그 문제는 자연스럽게 흘러가

버릴텐데…"

지금은 크게 고민하지 않습니다. 분석이나 비판은 더더욱 하지 않으려고
합니다. 그냥 내버려두죠. 그러면 케오라가, 때로는 그 문제를 꼬아놓았던
내 안의 어떤 기억들이 알아서 풀어놓습니다. 어떤 매듭이든 묶은 사람이
풀어야 가장 빨리 푸는 법이죠.

뜻대로 되는 일이 없다구요? 뜻을 버리면 안 되는 일도 같이 없어집니다.
지금 일어나는 이 일이 바로 나에게 가장 완벽한 일입니다.

그렇게 이 순간을 받아들이고 이 순간을 인정합니다.

그렇게 이 순간에 깨어있고 그렇게 우리는 또다시 진화합니다.

가장 평화로운 상태로 말입니다.

천사들이 들려주는 이야기 6

** 깨어나서 세상을 본다는 건

저에게 정화만큼 중요한 것 중의 하나가 늘 깨어있는 것입니다.

깨어있지 않은 상태에서 정화를 하다 보면 어느 순간 정화 옆에 잡념이 끼어들어서 함께 돌아가고 있습니다. 그러다 보면 슬그머니 정화를 하던 자리를 잡념이 밀어내고 차지해버리기 일쑤입니다. 또다시 생각 속에 잠들게 되는 것입니다.

깨어있는 느낌이 무슨 느낌인지 잘 모르시겠다는 분들이 많으실 겁니다.
하지만 대부분의 사람들이 자신도 모르는 사이 짧은 순간 깨어나기도 합니다.
늘 보던 거리가 갑자기 낯설게 느껴질 때가 있으십니까?

'우리 동네에, 내 집 앞에 저런 게 있었나?'하고 새롭게 보일 때가 있으십니까?

내 말과 목소리가 낯설거나 선명하게 내 귀에 들릴 때가 있으십니까?

한참을 떠들다가 불현듯 그런 내 모습이 어색해져서 조용히 있고 싶었던 때가 있으십니까?

떠들썩하던 생각들이 사라지고 내 의식이 가장 고요해지게 되면 그때 깨어나기 시작합니다.

생각에서 빠져나와 깨어나면 비로소 세상이 보이기 시작합니다.

늘 먹던 밥그릇도 새롭게 보이고 늘 지겹게 바라보던 가족의 얼굴도 새롭게 보입니다.

'내 집 앞에 저런 산이 있었나? 우리 골목에 저렇게 예쁜 꽃들이 피어있었나? 내가 타는 버스의 모습이 이렇게 낡아있었나?'

익숙한 것은 없습니다. 반복이란 것도 없습니다.

매일 다니는 똑같은 골목이라 익숙하시다구요? 똑같은 골목은 없습니다. 계절이 바뀌고 그 순간 그 거리에 머무는 공기와 바람이 바뀌고 스쳐 지나가는 사람들이 바뀌고 내 의식상태 또한 매 순간 바뀌고 있는데 어찌 똑같은 거리입니까?

그렇게 깨어난 상태로 내 자신을 바라보십시오.

내 목소리가 들립니까? 내 발가락의 움직임이 느껴지십니까?

더 깊이 들어가 보세요.

오늘도 나를 위해 열심히 뛰고 있는 심장이 느껴지십니까?

오늘도 나를 위해 열심히 일하고 있는 내 위장이 느껴지십니까?

더 깊이 들어가 보세요.

내 마음이 보이십니까?

화를 내고 있나요? 지쳐있나요? 즐거워하고 있나요?

제가 상담을 해드렸던 분 중에 84세 된 분이 계셨습니다.

평소 차가운 손발 때문에 힘들다고 하셔서 편히 누워 손끝부터 발끝까지 느껴보라고 말씀드렸습니다.

그렇게 얼마간을 반복했더니 신기하게도 손발이 따뜻해지더라고 너무 좋아하셨습니다. 발가락, 손가락들이 관심을 가져주니 보답을 하고 싶었나 봅니다.

손가락이 있어도 발가락이 있어도 사람들은 거기 있는지 모르고 삽니다.

누워서 천천히 한 번 느껴보세요.

손끝부터 하나하나 발끝부터 하나하나… 살아있음을 그때 제대로 느끼실 겁니다.

그리고 그분의 말씀 중에 기억에 남는 부분이 있습니다.

평생 책을 안고 사셨지만 정작 내 집 앞에 피어있는 꽃들은 못 보고 사셨답니다. 80평생에 처음으로 그 꽃들 앞에 서서 눈물을 흘리셨다고 합니다. 너무나 아름다운 모습에 가슴이 벅차서 말입니다. 그 순간이 당신 인생에서 가장 멋진 순간이었다고도 하셨습니다.

우리는 생각 속에 잠들어서 놓치고 사는 것이 너무 많습니다.

그중에 가장 안타까운 것은 우리 자신 또한 놓치고 산다는 것입니다.

이 순간! 여러분들 손에 있는 책을 한 번 느껴보십시오.

이 책에서 나오는 따뜻하고 순수한 느낌을 느껴보십시오.

그리고 책을 쥐고 있는 내 손가락과 손끝의 느낌도 한 번 느껴보십시오. 그리고 내 표정도 느껴보십시오. 오늘 하루 지쳤다고 말하고 있지는 않은지 말입니다.

중요한 정화 중 하나가 '깨어있는 것'입니다.

깨어서 세상을 보고 나를 보면 사랑하지 않을 수가 없으니까요.
감사하지 않을 수가 없으니까요.

얼마 전 만난 한 낡은 트럭에 대한 일화입니다.

아파트 담벼락 옆으로 난 좁은 1차선 도로였는데 그것도 커브길 이었습니다. 가장 위험해 보이는 커브길 부분에 한 덩치 큰 트럭이 서 있었습니다. 제가 그 길에 진입하자마자 트럭이 저에게 이런 메시지를 보내오는 듯했습니다.

"미안해. 부끄러워. 부끄러워. 나 때문에 다 불편해하잖아. 내 몸이 너무 부끄러워. 나도 내가 어디에 서 있어야 하는지는 알아…."

"뭐라고. 아~ 다른 차들이 불편해하긴 해도 그건 네 잘못이 아니잖아. 운전기사 아저씨가 세워둔 거잖아. 네가 미안해할 필요는 없어."

"아니야. 내 주인도 어쩔 수가 없었어. 내가 너무 낡고 크기 때문에 아파트 주차장 안에는 못 세워둔대. 내가 다른 차들처럼 작고 깨끗했다면 이렇게 아무렇게나 세워두진 않았을 거야. 내 몸 때문이야."

순간 눈물이 핑 돌았습니다.

"그래도 난 정말 열심히 일했어. 그래도 난 정말 열심히 일했어."

그 말을 듣고 차에 가까이 다가가 보니 정말 엄청나게 낡았더군요. 폐차하기 일보 직전처럼 보였습니다.

"그래. 보여. 네가 얼마나 열심히 일을 했는지 다 보여. 얼마나 수많은 짐과 흙들을 싣고 먼 길을 달렸었니. 다 보여. 지금 내 눈엔 네가 세상 그 어떤 차들보다 최고로 멋져 보여. 정말이야. 정말 멋져."

그 운전기사분은 아실까요? 이 트럭의 진가를 말입니다.

비싼 승용차가 멋있다는 생각 속에 잠들어있는 우리의 눈에 이 트럭의 아름다움이 보일까요?

이 순간! 깨어서 주위를 한 번 둘러보세요.

내 주변에 가득 차 있는 공기를 느껴보세요.

중요한 정화 중에 하나가 '깨어있는 것'입니다.

깨어서 세상을 보고 나를 보면 사랑하지 않을 수가 없으니까요.

감사하지 않을 수가 없으니까요.

천사들이 들려주는 이야기 7

** 천사의 메시지, 머루 - I

몇 해 전 읽게 된 책에 이런 이야기가 있었습니다.

매일 같은 길목에 앉아있던 거지가 있었는데 늘 똑같은 박스 위에 앉아있더랍니다. 그런데 하루는 그 거지를 항상 지나치던 한 신사가 물었답니다.

"당신이 깔고 앉아있는 그 상자 안에는 뭐가 들어있나요?"

"허허. 글쎄요. 한 번도 확인해보질 않아서요."

"그래요? 지금 한 번 확인해보시죠."

그렇게 그 신사의 말대로 거지는 상자를 열어보았고 그 속엔 금은보화가 가득 들어있더랍니다.

천사들이 들려주는 이야기는 여러분들에게 신사와 같은 존재입니다. 이 이야기는 여러분들에게 끊임없이 말하고 있습니다. 여러분들 안에 있는 엄청난 보석을 알아차리라고 말입니다.

이번에는 제가 좋아하는 나무 머루와의 에피소드를 적어볼까 합니다.

건강을 생각해서 헬스장을 나가기 시작했을 때의 일입니다.

헬스장이 6층이라 사방이 유리임에도 나무들이 거의 보이지 않는데 유독한 나무만 키가 얼마나 큰지 삐죽이 그 모습이 보이는 겁니다.

흐트러진 잎들이 바람에 덜렁덜렁하는 모습이 어찌나 정답게 보이던 지….

"안녕. 머루. 머루라고 불러도 되니?"

"어. 어… 뭐라고? 나한테 한 말이니? 이야~ 정말 나한테 말한 거야?"

"그럼. 머루라는 이름 괜찮니? 네 모습을 보니 갑자기 머루라는 말이 떠올라서 말이야."

"와~ 좋아. 좋아. 신기해. 오랫동안 이곳을 구경하고 있었는데 나한테 말을 걸어준 사람은 네가 처음이야. 와 신기하다. 있잖아. 내가 궁금한 게 많은데 물어봐도 돼?"

"그럼. 뭐가 궁금한데?"

"너희들은 뭘 그렇게 열심히 하는 거야? 힘들어 보이는데 거의 매일같이 하고 있어서 말이야. 힘들어하면서 또 하고 또 해."

"음~ 운동을 하고 있지."

"힘들어하면서 왜 그렇게 열심히 해야 하는데?"

"성인병도 예방하고 건강하게 오래 살려고 운동을 하고 있는 거야."

"아닌데. 운동한다고 병에 안 걸리고 건강하고 오래 사는 거 아닌데…."

"뭐? 그게 무슨 말이니? 운동이 건강에 얼마나 좋은 건데."

"아닌데. 정보대로 되는 건데. 너희 안에 있는 정보대로 되는 건데…. 병이 입력되어있는 사람은 아무리 운동해도 병에 걸려. 그렇지 않은 사람은 운동 안 해도 건강해. 운동을 한다고 정보까지 바뀌지는 않아."

저에게는 아주 파격적인 말이었습니다. 평소 건강관리에 신경을 많이 쓰면서 살아왔던 저였기에 더더욱 그랬습니다.

"그럼 그 정보는 어떻게 바꿀 수 있는 거니?"

"너희 영혼에게 말해야지. 바꿔달라고 말해."

"말해도 쉽게 들어주지 않으면?"

"운동할 시간에 너희 영혼에게 빌고 또 애원해보는 게 훨씬 나을걸. 정보를 바꿔달라고 말이야. 계속 말해봐. 말하고 또 말해봐."

"아니. 건강도 건강이고 예뻐지려고. 배가 나오면 보기 싫잖아."

"왜? 배가 안 나오면 예쁜 거고 배가 나오면 보기 싫은 거야? 이상하네. 그럼 왜 예뻐야 하는데? 안 예쁘면 왜 안 되는 거야?"

"미안해. 네 많은 질문에 내가 현명하게 답해줄 수가 없구나. 나도 사실 모르겠어. 왜 이러고 있지?"

인간이 하고 있는 가장 큰 착각 중의 하나는 내 의지대로 인생을 좌지우지하고 있다는 것입니다. 하지만 실제로 내 인생에 일어나는 대부분의 사건들은 내 기억으로 재생된 것입니다.

머루가 말했던 정보라는 것이 바로 이 기억을 말하는 것입니다.

생각과 의지로 아무리 날뛰고 애를 써도 이미 세상에 나와 있는 기억들의 결과물은 끄떡없습니다. 콩을 심어놓고 팥이 나오도록 애를 쓰는 거와 같습니다. 내 마음만 다치고 또 다른 기억을 심고 있을 뿐입니다.

머루가 말한 것처럼 내 인생을 바꾸고 싶다면 그 기억의 정보를 바꿔야 합니다.

눈에 보이지 않는 그 기억을 바꿀 수 있는 힘은 내면의 잠재의식에게 있으며 이런 나의 잠재의식을 깨워 활성화시키고 힘을 실어주는 것이 정화이고 소통입니다.

제가 내면과 대화를 주고받기 시작하면서 가장 인정할 수 없었던 부분이 바로 이 부분이었습니다.

우리 인간에게 자유의지가 있는가.

아니 우리 현재의식에게 자유의지가 있는가.

내 의지대로 내 인생을 바꾸면서 살 수 있어야 그것이 희망이란 것인데….

케오라는 안타깝지만 이미 현실에 재생되어진 문제를 현재의식의 의지대로 바꾸는 일은 불가능하며 그건 현재의식의 착각이라고 했습니다.

오직 인생에 일어나는 모든 사건들은 두 가지 중 하나에 의해 일어난다는 것이었습니다.

영감(inspiration)에 의한 삶인가. 기억에 의한 삶인가.
영감에 의해 만들어진 사건인가. 기억에 의해 만들어진 사건인가.
잠재의식의 의도인가. 심층의식의 의도인가.

누군가는 태어나보니 재벌가 자식이고 또 누군가는 태어나보니 아프리카 오지마을 부족민입니다.

누군가는 태어나보니 건강하고 누군가는 태어나보니 장애가 있거나 병이 있기도 합니다.

또 누군가는 일생 하는 일마다 술술 잘 풀리는데 누군가는 일생 정말 열심히 일하고 착하게 사는데도 하는 일마다 실패하기도 합니다.

나는 우리 집에 도둑이 안 들었으면 좋겠는데 어느 날 도둑이 들어 큰 손해를 봅니다.

난 정말 사랑받으면서 잘 살고 싶은데 믿었던 그 사람이 나를 배신합니다.

죽도록 의지대로 열심히 살았건만 왜 나는 매번 힘겨워야 할까요.

저 옆에 있는 사람은 나보다 더 열심히 사는 것 같지도 않은데 늘 잘 되고 말입니다.

이렇듯 이미 우리 안에 있는 자원이 우리 인생의 물질 세상을 만들어내고 있습니다.

내가 원하든 원하지 않든 내 안에 그런 자원이 있다면, 내 안에 그럴만한 기억이 있다면 그것은 내 물질 세상으로 만들어져서 '나 여기 있지롱!'하며 자신을 드러냅니다.

그럼 우리 현재의식의 의지는 정말 아무런 쓸모가 없는 것일까요? 아닙니다. 우리 현재의식에게 무엇보다 크고 중요한 선택에 관한 의지가 있다고 했습니다.

바로 그것은 내 세상을 만들어내고 있는 그 원치 않는 기억들을 그냥 내버려 둘 것인가, 소멸할 것인가. 다시 말해 정화를 할 것인가, 하지 않을 것인가의 선택입니다.

그리고 이것은 내 인생을 잠재의식과 함께할 것인지, 심층의식과 함께할 것인지에 대한 결정권이기도 합니다.

여러분은 어떻게 하시겠습니까?
기억에 조종당하는 삶이 이제 지겹지 않으십니까?
지금 이 삶에 아무런 후회 없이 행복하시다면 그냥 그렇게 살면 됩니다.
하지만 이 **삶이 힘겹고 벅차다면 이젠 정화와 소통을 해야 할 때**입니다.

천사들이 들려주는 이야기 8

** 정화와 소통에 대한 질문들

평소 정화를 강조하고 다니다 보니 정화에 관한 많은 질문을 받고 있습니다.

그중에서 가장 많은 질문내용이 정화를 할 때 특정 대상을 정해놓고 해야 하는지 아니면 막연하게 해야 하는지 그리고 구체적으로 하루 중 어떻게 얼마나 정화를 해야 하는지 또한 감정을 실어 미용고사를 해야 하는지 아니면 그냥 습관적으로 미용고사를 해도 되는지 등이었습니다. (* 미용고사 : '미안합니다. 용서하세요. 고맙습니다. 사랑합니다.' 호오포노포노의 대표적인 정화법이며 더 자세한 내용은 천사 이야기 23편에 나와 있습니다.)

이런 질문들에 대해서 정리를 해보았습니다.

** 정화를 할 때 특정 대상을 정해놓고 해야 하나요? 아니면 그냥 막연하게 해야 하나요?

정화를 할 때 특정 문제나 희망사항에 대해 정해놓고 하게 되면 집중과 집착으로 나뉘게 됩니다.

'내 무엇이 건강에 또는 지금의 이 사건에 또는 경제적인 부분에 문제를 일으켰나….'

이렇게 하는 구체적인 정화의 효과가 빠른 것은 사실입니다.

내 현재의식이 심층의식 속에 있는 무분별한 기억들 중에서 그 특정 문제에 초점을 맞춰 집중할 수 있으니까 말입니다.

하지만 이 집중에 기대와 욕심이 실려 집착이 되어버리면 그 효과는 오히려 역으로 떨어지게 됩니다.

우리 인간의 감정은 타고나길(섬세한 극소수의 사람들을 제외하고는) 집중과 집착의 감정을 거의 동일하게 인식합니다.

다시 말해 내가 집중을 하고 있는 건지, 집착을 하고 있는 건지 모른다는 것입니다. 나는 분명히 집중을 하고 있는데 내 의식 너머에서 일어나는 '난 건강하지 않아. 그러니까 정화를 하고 있는 거지. 정화가 낫게 해주겠지'라는 이런 부정적인 에너지와 기대와 욕심이 정화에 함께 실리는 것입니다.

대부분 현실적으로 민감한 문제일수록 집중이 아니라 집착이 될 수밖에 없습니다. 돈이 궁핍하면 돈에 집착해서 정화를 하게 되고 건강이 나쁘면 건강에 집착해서 정화를 하게 됩니다.

우리의 기억과 감정들을 담고 있는 심층의식은 아주 섬세합니다.

현재의식은 '난 건강해'라고 정화하지만 실은 '난 너무 힘들어. 건강하지 않아. 정화해서 제발 좋아졌으면 좋겠어…'라고 말하고 있다는 걸 금방 압니다. 그럼 심층의식은 '그래. 건강하지 않지'라고 하면서 그와 유사한 기억들을 더 단단하게 만들어버립니다.

정화를 위한 바램이 오히려 집착이 되어 기억만 단단하게 만들어버릴 수도 있다는 것입니다. 청소를 하겠다면서 뒤로 더 많은 쓰레기를 버리는 것과 같습니다. 그러니 그 청소의 효과가 느려질 수밖에요. 이런 이유들로 저는 정화할 때 막연하게 할 것을 권유합니다.

** 감정 없이 하는 미용고사도 효과가 있을까요?

물론 있습니다. 정화만큼 중요한 것이 생각에서 깨어있는 것입니다.

우리는 생각 속에 늘 잠들어있습니다.

내가 무슨 생각을 하고 있는지, 내가 왜 이런 생각을 하고 있는지도 모르는 채 생각 속에 빠져있습니다.

생각 속에서는 절대 나의 잠재의식과 교감할 수 없으며 또한 모든 세상의 본질도 보지 못합니다.

생각에서 깨어나고 의식이 가장 고요해질 때 나의 잠재의식과도 가장 가까워질 수 있습니다. 조절할 수 없는 생각의 덩어리는 우리의 기억을 키우는 영양분이 됩니다.

어떤 기억에서 시작된 생각이 생각에 꼬리를 물고 문득 감정이 일어나고 그것을 가지고 우리는 판단하고 행동합니다. 이렇게 우리는 늘 비슷한 패턴 속에 갇히게 됩니다.

심층의식은 반복하기를 원하고 잠재의식은 창조하기를 원합니다.

생각의 자리에 늘 미용고사를 대신하는 연습을 하십시오.

'아~ 내가 또 생각에 빠져있었구나'하고 순간순간 깨어나 다시 미용고사를 반복하는 연습을 꾸준히 하십시오.

생각을 조절할 수 있는 힘이 강해지게 되면 기억의 반복은 점점 약해지고 잠재의식은 점점 활성화됩니다. 창조적인 인생을 사는 사람들은 대부분 자신의 생각을 생각할 줄 아는 사람들입니다.

** 내 안의 잠재의식의 존재를 느낄 수가 없는데도 감정을 실어 소통을 해야 할까요?

내면의 존재를 느낄 수 없는 것은 우리의 현재의식일 뿐, 우리의 잠재의식은 늘 나를 보고 있습니다.

미용고사를 반복하시면서 하루 중 가장 고요해지는 순간 몇 번이라도 진심으로 내 안의 깊은 곳을 향해 말을 걸어주십시오.

시간이 없으시다면 잠드는 순간만이라도 나 자신을 찾으십시오.

내 심장을 부드럽게 쓰다듬어주면서 내 자신을 느껴 보고 진심을 실어 하루 한 번만이라도 내 자신에게 말을 걸어주십시오. 이 순간에는 굳이 미용고사를 하실 필요는 없으십니다.

내가 하고 싶은 말. 굳이 말하기가 싫다면 그냥 가만히 내 내면을 느끼시기만 하셔도 됩니다.

'미안해. 널 잊고 살았어. 아직도 널 제대로 느낄 수는 없지만 그래도 사랑해. 오랜 세월 기다려줘서 너무 고마워….'

1년이 걸리든 평생이 걸리든 늘 해보세요.

내 의식만 포기하지 않는다면 반드시 내 말에 응답해줄 것입니다.

**현실적인 문제를 해결하고 싶은데 정화로 가능할까요?

건강이든 경제적인 문제이든 이미 기억이 현실로 재생되어진 경우는 가장 바로잡기가 어렵습니다. 이런 경우는 저 또한 늘 한 가지 대답을 해드릴 수밖에 없습니다.

그냥 받아들이세요. 내 몫이니 그냥 인정하고 받아들이세요.

문제에서 벗어나고 싶어서 피하고 싶어서 하는 정화는 당신을 더 괴롭힐 수밖에 없습니다. 쉽게 바뀌지 않는 현실을 보면서 회의감과 절망감에 빠질 게 당연하니 말입니다.

이미 일어난 현상에 대처하는 가장 현명한 방법은 그것을 받아들이고 책임을 지는 것입니다.

정화해야 하는 것은 그 문제가 아니라 그 문제를 원망하고 불편해하고 피하려고만 하는 내 마음을 정화해야 하는 것입니다.

인생을 두려워하는 내 마음을 정화해야 하는 것입니다.

좋은 것을 좋게 보는 것은 용기가 필요하지 않습니다.

가장 못난 것, 때 묻고 아픈 것, 가장 숨기고 싶은 것을 안고 볼 수 있는 것이 용기입니다. 용기 있는 자만이 얻을 수 있다는 말도 있지 않습니까?

용기 내어 받아들이시기 바랍니다.

용기 내어서 기꺼이 힘드세요. 용기 내어서 욕 들을 일 있으면 욕 실컷 듣고 용기 내어서 아플 일 있으면 기꺼이 아프세요.

용기는 여러분을 피해자에서 책임자로 만들어줍니다.

그럴 수 있을 때 가장 빨리 현실이 안정될 것입니다.

다시 한 번 정리하겠습니다.

1. 현실의 문제가 아닌 내 자신을 향해 정화하십시오.

2. 매 순간 습관적으로 생각을 밀어내고 미용고사를 대체하는 연습을 늘 하십시오.

3. 하루 한 번이라도 가장 고요할 때 내 자신을 쓰다듬으며 진심으로 말을 걸어주십시오.

그다음으로 많이 하는 질문이 사물과의 교감 부분입니다. 자신을 먼저 볼 수 있어야 세상도 볼 수 있게 됩니다. 사물은 외부의 시각으로 교감하는 것이 아닙니다. 내면이 그 사물과 교감을 하고 그 다음으로 내 현재의식이 그것을 인식하게 됩니다.

그러니 나의 의식이 먼저 깨어있어야 사물과도 교감할 수 있습니다.

그리고 잊지 마십시오. 그들의 말을 내 현재의식이 듣지 못할 뿐이지 그들은 늘 나를 바라보고 있습니다. 나를 느끼고 있습니다. 그러니 대화가 안 된다고 그들을 외면하지 마세요.

그냥 사랑하시면 됩니다.

그들이 들려주는 이야기 1

** 이호경 님

저의 잠재의식의 이름은 '말라이카'입니다.

'말라이카'라는 말은 스와힐리어로 천사라는 뜻입니다. 케냐 친구가 알려준 제가 제일 좋아하는 단어이고 15년 넘게 사용해온 제 인터넷 ID이기도 합니다. 잠재의식의 이름을 말라이카로 붙여도 좋은지 물었을 때 그렇게 하라는 대답을 듣고는 정말 신기했고 저 또한 그 이름이 마음에 들었답니다.

말라이카…. 그러니까 저의 잠재의식을 만나기 전, 저는 직업을 잃고 새출발을 하기 위해 다른 일을 모색하던 중이었습니다. 10년 넘게 기 수련, 단전호흡 그리고 명리, 주역, 최면 등에 관심을 가지면서 내가 인생에서 정말 해야 할 일은 무엇일까에 대해 고민하고 고민해 왔었습니다.

어떤 명리학자가 제게 한의사가 되지 않으면 최소한 수지침이나 뜸이라도 놓을 것이라고 말해서 놀란 적이 있었습니다. 저는 한의사는 당연히 아니지만 체한 사람들을 잘 낫게 해주거나 활법으로 사람들에게 도움을 주기도 하는 대체의학이나 치유에 관심이 많은 사람이었습니다. 그러나 그뿐이었습니다.

명상수련을 하면서 고수라는 분들이 제 에너지가 좋다고 했었고 눈을 감고 명상을 하면 그 자리의 색깔이 보이는 체험을 하기도 했지만 그것뿐, 그것으로 인해 다른 변화가 일어나거나 타인에게 도움을 주는 방법은 알 수 없었습니다. 수련단체에서 돈과 관련된 문제가 불거지면 그걸로 저는 그 단체에 대해 신뢰감을 잃게 되어 더 이상 나가지 않게 되었고 그게 한계라는 생각이 들면서 나는 운이 없는 사람이라고 생각하기도 했습니다.

그러다가 2014년에 핑크돌고래님의 천사들이 들려주는 이야기를 읽게 되었고 강의에 참석할 수 있는 기회를 얻게 되면서 잠재의식이라는 존재를 알게 되었습니다. 그리고 제 인생은 커다란 전환점을 맞이하게 되었습니다. 너무나도 놀랍고 감사한 일이 제게 벌어진 겁니다.

저는 제 잠재의식과 너무나 소통을 하고 싶었습니다. 그러나 내려놓지 못하는 저의 현재의식이 문제였습니다. 핑크돌고래님이 제게 모든 것을 내려놓고 잠재의식과 소통하는 것에 집중하라고 조언해주셨을 때, 하고 있던 명리 공부와 컴퓨터 자격증 공부를 멈추고 제 잠재의식인 말라이카에게만 집중하고자 노력했습니다.

그리고 핑크돌고래님을 통해 의식을 내려놓는 힌트를 얻고 그것을 행하면서 몸 전체에 흐르는 에너지와 함께 마음이 편안해짐을 느끼게 되었습니다. 말라이카와 소통에 어려움을 겪고 있던 제게 멘토와 같이 말라이카의 뜻을 전해주는 핑크돌고래님의 말씀은 하나하나가 제게 정말 소중했고 감사했습니다.

말라이카와 소통하기 시작하면서 저에게 일어난 가장 큰 변화 중에 하나는 에너지 작업 능력입니다. 10년 넘게 기 수련을 하면서 어느 정도 에너지 작업을 할 수 있다고 생각하고 있었지만 아주 미흡한 수준이었고, 에너지 작업의 한 분야인 '레이키'라는 것에 대해 들었지만 배우는 곳에 대한 정보 부족과 비용의 부담으로 제대로 배우지 못해서 고수라고 불리는 분들의 이야기를 들을 때 부러워하기만 했었는데 저에게도 눈에 띄는 발전이 생긴 겁니다. 이후 가까운 가족부터 모르는 사람들에게까지 때와 장소를 가리지 않고 적용하기 시작했습니다. 편두통으로 힘들어하는 딸아이도 이제는 가벼운 통증이라면 저부터 찾고 봅니다.

2014년 1월과 12월 일본 여행을 딸아이와 했었는데 1월에는 탈이 나서 고통스러워하는 아이의 등만 쓰다듬어줄 뿐이었으나, 12월 여행에서는 똑같이 아픈 증상이 생긴 딸아이의 배에 손만 올려놓았을 뿐인데 어느 부위가 안 좋은지, 통증이 남아있는지 사라졌는지 또한 스스로 인식할 수 있을 정도로 저의 감각이 이전과는 확연히 달라졌음을 느낄 수 있었습니다.

말라이카와 소통 중에 새로운 사업도 시작하게 되었습니다. 잠재의식은 모든 것이 완벽하게 저의 편임을 느끼게 해줍니다. 기존에 하던 일이 학원 가맹 프랜차이즈 사업인데 말라이카의 덕분으로 더 큰 회사에 더욱 좋은 조건으로 일을 시작하게 되었습니다.

그 가맹점 원장님들 중 결혼 후 임신이 잘 안 되는 원장님이 있었습니다. 그분은 에너지 작업에 대해 반신반의했지만 신기하게도 저와 에너지 작업을 한 다음 임신이 되었습니다. 자식이 없고 애완견인 치와와를 자식 삼아 키우는 한 원장님의 고민은 그 치와와가 음식을 먹지 않는다는 것이었는데, 에너지 작업 이후 그 애완견은 간식은 물론 예전엔 입도 대지 않았던 사료까지 잘 먹는다고 합니다. 우리 집 애완견 닥스훈트 '범블비'도 피부병이 생기면 이젠 저와 에너지 작업을 합니다. 잘 낫지 않던 애완견의 피부병이 에너지 작업 한 번으로 사라졌고, 암 투병 중인 한 지인이 먹기만 하면 구토를 하는데 에너지 작업으로 도움을 주고 나서는 더 이상 음식을 올리지 않으면서 암 치료를 잘 받고 있다고 합니다.

1년여간 많은 에너지 작업을 해왔습니다. 말라이카의 이번 생의 임무 중 하나가 남을 돕는 것이냐고 물으니 맞다고 합니다. 저 역시도 다른 사람들을 도와주는 것이 보람되고 즐겁습니다. 말라이카의 뜻이라면 열심히 할 생각입니다. 에너지 작업으로 타인들과의 관계가 더욱 돈독해지고 또 그들에게 고마움을 전해 들을 때 저 또한 그분들께 감사하는 마음이 샘솟습니다.

언젠가는 꿈을 꾼 적이 있었습니다. 귀걸이를 사려고 고르는 꿈이었습니다. 그 꿈에 대해 핑크돌고래님께 이야기하니 저와 인연이 깊은 사람에 대한 꿈이라고 하셨습니다. 귀걸이가 짝을 이루어야 쓸모가 있는 것처럼 각자 홀로일 때 보다, 만나 짝을 이루게 되면 더 서로를 가치 있게 빛나게 해줄 귀한 인연들을 만나게 될 꿈이라고 하셨습니다. 또한 귀걸이란 것이 꼭 한 쌍만 있을 필요가 없는 것처럼 그 귀한 인연들 또한 여러 명일 수 있다고도 하셨습니다.

그렇게 제가 만난 첫 번째 '귀걸이 원장님'이라고 부르는 분의 이야기를 간략히 하자면, 학원 가맹사업을 하면서 여러 원장님들과 정신적으로 힘든 일이 많았습니다. 가장 힘든 지역에 가맹문의가 들어왔는데 그 첫 번째 사람이 위에서 말한 '귀걸이 원장님'이였던 겁니다. 이 분은 첫 대면하는 날, 윤회나 잠재의식에 대한 이야기, 에너지, 미용고사 등 어찌 보면 황당할 수 있는 제 이야기를 거부감 없이, 마치 기다렸다는 듯이 스펀지처럼 받아들이시는 겁니다. 눈물을 흘리면서 기다리는 짝을 만난 것처럼 우리는 너무나 익숙해졌고, 지금은 그 원장님도 자신의 잠재의식과 소통을 잘하고 있습니다. 힘들어하던 생활에서 넘치는 자신감과 감사로 일관된 생활로 변화된 삶을 살고 있습니다.

준비가 된 사람을 자신의 잠재의식과 소통하도록 도와주는 일도 이번 생애 저의 임무 중의 하나인 것 같습니다. 두 번째, 세 번째 '귀걸이 원장님'도 그 후로 찾았습니다. 첫 번째 '귀걸이 원장님'처럼 극적이진 않았지만 말라이카는 그분들이 저의 또 다른 '귀걸이'라고 합니다. 준비가 되어서 자신의 잠재의식과 소통해야 할, 저와 인연이 많은 사람들인 것이죠. 서로를 빛나게 해줄 귀한 인연들 말입니다.

아직 저는 더 많은 정성을 들여야 함을 알고 있습니다.

그럼에도 불구하고 저에게 말라이카는 많은 선물을 안겨주었습니다. 얼마 전엔 상상도 하지 못했던 유럽 여행까지도 다녀오게 해주었습니다. 물론 필요한 경비까지도 만들어주면서요.

말라이카와 소통하게 도와주신 케오라와 핑크돌고래님 정말 감사드리고 사랑합니다.

천사들이 들려주는 이야기 9

** 생각이 만들어낸 관념과 선입견

'생각'이라는 것이 만들어놓은 우리의 관념과 선입견에 대해 이야기해보려고 합니다.

사람들은 오랜 세월 획일화된 생각 속에서 살아왔습니다.

흔히 인간에게는 생각의 자유가 있다고 하지만 조금 더 세밀하게 따지자면 사실이 아닙니다. 정보에 의해서 돌아가는 획일화된 생각이 대부분입니다.

"나는 아니야. 나는 다른 관점을 가지고 있어. 난 달라. 난 관념에 갇혀있지 않아"라고 말씀하고 계신가요? 그럼 다음 일화를 보십시오.

바람이 많이 부는 날이었습니다.

앞서 7편의 이야기에서 나왔던 헬스장의 나무 머루가 강풍에 이리저리 위태롭게 흔들리고 있었습니다. 거센 비바람에 얇은 가지들이 금방이라도 부러질 것처럼 보였습니다.

"어떡하니. 머루. 너무 힘들지. 힘내."

"뭐가 힘들다는 거야. 아~ 재밌어. 하하. 바람 타는 거 난 정말 좋아. 비가 똑똑 떨어지는 느낌도 너무 좋아."

"뭐? 그…그렇구나. 그래도 가지가 부러지거나 잎이 떨어지잖아."

"그게 왜? 가지가 부러지면 부러지는 거고 잎이 떨어지면 또 날 테고. 그게 왜?"

"아니야…"

머루의 반응에 순간 말문이 막혔습니다.

내 복잡한 생각들과 선입견이 부끄러워졌습니다.

　제 주변에 자폐증 남자분이 한 분 계십니다. 30대 중반이신데 항상 뭐가 그리 좋은지 허공을 응시하며 웃으며 다닙니다.

　우연히 그분의 어머니를 뵐 일이 있었습니다. 그 어머니를 정화하니 많이 지쳐계시더군요. 저는 '참 안됐구나. 저런 자식을 두시다니…' 이렇게 순간 생각했습니다.

　그때 머릿속에서 케오라가 제 생각을 향해 이렇게 말했습니다.

　"참 보석 같은 자식을 두신 분이야. 인간으로 태어나 카르마를 쌓고 가지 않으니 얼마나 유리한 삶을 살고 있는 건가. 그리고 그 엄마의 카르마와 기억을 평생 자신을 돌보는 것으로 다 갚게 해주었으니 얼마나 기특하고 보석 같은 자식인가…"

　이제 그분은 저에게 자폐증 환자가 아닙니다.

　이제 그분의 어머니는 삶에 불행한 분이 아닙니다.

　이제 그분은 제 눈에 보너스로 먹고 들어가는 삶을 살다가는 행운의 사람입니다.

　이제 그 어머니는 편한 다음 생을 보장받고 있는 복 많은 분으로 보입니다.

　제가 운동할 때마다 신는 운동화가 있었습니다.

　어느 날, 헬스장에 잘 두었던 운동화가 사라지고 없었습니다.

　트레이너들이 하는 말이 짐작 가는 아이가 있긴 한데, 방학이라 잠깐 운동하러 온 아이라고 하더군요. 행동이 이상한 것이 그 아이가 신발 도둑이 틀림없다고 했습니다.

　그때 케오라가 그 트레이너를 향해 말했습니다.

　"그 아이는 더 이상 도둑이 아니에요. 제가 신던 신발이 이제 필요 없어져서 그 아이에게 선물한 것입니다. 그러니 더 이상 그 아이는 도둑이 아닙니다."

저는 신발을 도둑맞은 재수 없는 사람이 아니라 소중한 신발을 선물한 멋진 사람이 되었습니다. 그 아이는 도둑이 아니라 소중한 신발을 선물 받은 귀한 사람이 되었습니다.

진지하게 그 아이에게 이 메시지를 전달하고 정화하였습니다.

모든 에너지는 전달되는 법이니까요.

"너는 귀한 아이야. 난 너의 인생을 믿어. 사랑해."

이번 겨울 정말 견디기 힘들 정도로 추운 날이었습니다.

친구랑 오랜만에 맛있는 거 먹자며 갈빗집에 들어갔습니다.

따뜻한 방안에 앉아 고기를 구워 먹었는데 '고기가 왜 이렇게 질기지. 어? 금방 식어버렸네. 아~ 연기 때문에 눈 매워….'

썩 만족스러운 식사는 아니었습니다.

밥을 먹고 나와 집으로 오는 버스 안에서 시장 길에 앉아 채소를 팔고 계시는 할머니 한 분이 눈에 들어왔습니다. 그 추운 날 채소들을 옆에 두고 쪼그리고 앉아서 양은냄비에 시래깃국과 밥을 드시고 계셨습니다.

'아~ 불쌍해.'

그러자 케오라가 힘주어 저에게 말하더군요.

"저분은 지금 세상에서 가장 따뜻하고 맛있는 한 끼를 드시고 계셔. 하지만 넌 불평과 불만 속에 아주 형편없는 밥을 먹고 나왔지. 누가 불쌍한 걸까…?"

무엇이 나쁘고 무엇이 좋은 것입니까?

무엇이 더럽고 무엇이 깨끗한 것입니까?

무엇이 옳고 무엇이 그릇된 것입니까?

또다시 깨닫습니다.

그 어떤 의문에도 답을 할 수 없기에 또다시 정화만 할 뿐입니다.

제가 할 수 있는 것은 오직 **판단과 생각의 자리에 정화를 채우는 것뿐**입니다.

천사들이 들려주는 이야기 10

** 신의 법칙, '인과법'

태초에 신이 계셨다면, 그 근원의 신은 우리 인간을 창조하시면서 가장 완벽한 시스템 하나를 같이 만드셨습니다.

그 근원의 신이 너무나 많은 인간들의 삶을 일일이 판단하고 심판하고 할 수가 없었나 봅니다. 그래서 만드신 가장 완벽한 시스템이 바로 '인과법'이란 것입니다.

스스로 벌하고 스스로 칭찬하고 그 모든 것이 알아서 돌아가게 되는 시스템.

조금은 정신 차리고 인생을 바라보니 인과법만큼 살벌하고 무서운 게 없더라구요. 정신 놓은 채 하고 있는 이 모든 것 하나하나가 다음 일어날 일들을 만들고 있다니 말입니다.

사람들을 만나면서 제가 가장 많이 하는 말 중에 하나가 이것입니다.

"콩 심은 데 콩 나고 팥 심은 데 팥 나는 게 당연하죠. 당신은 콩을 심어놓고 왜 팥을 바랍니까."

참 안타까운 일은 자기가 무슨 씨앗을 심었는지를 다들 망각하고 산다는 것입니다.

콩을 심어놓고 팥이 안 난다고 화내고 울고 좌절하고, 솔직히 참 답답했습니다. 콩이 나기를 바라면서 팥을 심고 있는 모습을 보면서 참 답답했습니다.

나의 모든 정보를 알고 있는 잠재의식과 교감이 이루어지게 되면 내가 과거에 무엇을 심었는지 조금은 알게 됩니다.

또한 최면상담 세션을 하다 보면 지금의 현실에 영향을 주고 있는 과거의 기억이 있다는 것을 확인할 수 있습니다.

남편으로부터 무시당하면서 너무 힘들었던 한 여자분은 최면상담에서 과거 학창시절 지금의 남편과 비슷하게 자기를 구박하고 무시했던 어머니와의 기억을 꺼내놓았습니다.

그 기억이 무시당하는 익숙한 상황의 패턴을 만들어놓았던 것입니다.

남성편력이 너무 심해 힘들었던 한 여자분은 어린 시절 아버지 없이 엄마와 살면서 매일 밤 불안하고 무서웠던 기억을 올렸습니다. 그때 느꼈던 아버지… 남자라는 존재의 든든함에 대한 그리움과 결핍이 훗날 남성편력으로 이어지게 된 것입니다.

더더욱 무서운 것은 이 순간… 이 순간… 이 순간에도 우리는 씨앗을 심고 있다는 것입니다.

어떤 이는 자기가 어떤 씨앗을 심고 있는지를 자각하면서 심고, 또 어떤 이는 자기가 무슨 씨앗을 심고 있는지, 아니 씨앗을 심고 있다는 것조차도 알지 못한 채 본능적으로 씨앗을 심고 있습니다.

많은 분들이 이러한 사실을 알고 나면 황당하고도 두려운 얼굴로 저에게 묻습니다.

– 그럼 이제 어떻게 해야 하죠?

너무 간단합니다. 뿌린 씨앗은 기꺼이 거두어들이고 이 순간 심는 씨앗은 정신 차리고 심으시면 됩니다.

– 제가 너무 나쁜 씨앗을 많이 뿌려서 앞으로 나쁜 일들이 많이 생기면 어떻게 하죠?

아직 현실 세계로 나오지 않은 기억들, 다시 말해 땅 위로 모습을 드러내지 않은 씨앗은 정화로써 충분히 소멸시킬 수가 있습니다.

과거의 기억을 청소하는 정화는 땅을 파고 썩은 씨앗을 깨끗이 걷어내는 것과 같습니다.

– 그럼 이미 현실로 재생되어진 일들은 어떻게 하죠?

이미 현실로 나온 내 기억들의 결과물들이 가장 빨리 소멸되는 방법은 진심으로 인정하고 용서를 구하는 것입니다.

'내 책임이야. 내가 뿌린 씨앗이야. 정말 미안해. 정말 미안해.'

이렇게 모든 걸 안고 받아들일 때 가장 빨리 소멸되어 사라지게 됩니다.

– 그럼 앞으로 심는 씨앗은 어떻게 해야 할까요?

깨어있어야 합니다. 내가 정신 놓고 하는 행동들과 말들, 누군가를 원망하고 무언가에 불평하고 사소한 것에 짜증을 내고, 이 모든 소소한 것들이 다 씨앗이 되니까요.

– 구체적으로 어떻게 해야 하죠?

내 말을 내가 들어야 합니다. 내 행동을 내가 봐야 합니다. 내 마음은 내가 돌봐야 합니다.

대부분의 사람들은 남의 말에, 남의 행동에, 남의 마음에 신경을 곤두세우고 삽니다.

하지만 내가 하는 말과 내가 하는 행동들이 내 씨앗입니다.

남이 하는 말과 행동들은 그들의 씨앗입니다.

내가 하는 말을 내가 집중해서 들어보십시오. 이 순간 누군가를 원망하고 있는지 아니면 감사하고 있는지….

내가 하는 행동들을 내가 바라보십시오. 쓰레기를 아무렇게나 버리고 있는지, 남이 버린 쓰레기를 줍고 있는지….

내 마음을 내가 돌봐주십시오. 내 마음이 울고 있는지 웃고 있는지….

인과법의 진리 속에서도 가장 중요한 것은 바로 정화란 것입니다.

심층의식을 청소하고, 현재 재생되어지고 있는 현실도 청소하고, 매 순간 내가 정신 놓고 심고 있는 이 순간도 청소하고, 이것이 바로 정화입니다.

좋은 씨앗이라는 것도 결국은 정화를 말하는 것입니다.

기억 속에서 올라오는 생각과 잡념으로 만든 씨앗이 아니라 매 순간 영감과 정화의 씨앗을 심는 것입니다. 매 순간 감사와 사랑의 씨앗을 심는 것입니다.

천사들이 들려주는 이야기 11

** 지구 종말론에 대하여

　1999년에 이어 2012년도에도 '지구 종말론'으로 세상이 어수선했던 것을 기억하실 겁니다. 그해 미국의 모 종교 단체에서 지구 심판의 날이라 하여 세간에 이슈가 됐었죠.

　정확한 날짜와 시간까지 정해놓아서 사실 아닌 것을 알면서도 막상 그날 그 시간이 되니까 괜히 긴장되었던 기억이 납니다.

　사실 그런 종말론이 잊을만하면 등장하는 데에는 그럴만한 배경과 이유가 있습니다.

지구 곳곳에서 심각한 자연재해와 이상 현상들이 일어나고 있으니 당연히 심리적으로 불안할 수밖에 없습니다.

가장 우리에게 와 닿았던 일본의 대지진부터 2012년 지구를 향해 다가오고 있다는 행성의 존재에 불안해하기도 했었고 얼마 전에는 네팔에서도 큰 지진의 피해가 있었습니다.

그리고 잊을만하면 등장하는 지구 재난이나 종말을 다룬 영화들도 이런 불안함에 한몫 단단히 합니다.

가끔 저에게 '지구 종말론'에 대해서 진지하게 물어보시는 분들이 계십니다. 솔직히 저같이 평범한 사람이 무엇을 알겠습니까. 하지만 저에게 불안한 마음으로 지구에 대해서 물어보는 분들에게 그 불안을 함께 정화하면서 케오라에게 답을 구해봤습니다.

저는 상담을 할 때, 삶의 기로에서 혼란에 서 있는 분들에게 오히려 축하한다고 말씀드립니다. 혼란과 변화는 발전과 진화를 앞두고 있다는 증거입니다. 혼란과 변화가 없다면 진화도 없습니다.

내 삶이 흔들린다는 것은 진화할 수 있는 가장 좋은 기회 앞에 서 있다는 증거입니다.

지구가 위기를 맞고 있는 것은 확실합니다.

그러나 우리의 삶과 마찬가지로 지구의 이러한 혼란과 위기는 큰 진화의 기회 앞에 있다는 것을 보여주는 것입니다.

끝과 시작은 늘 함께 존재합니다.

여러 고서에 나와 있는 지구 종말의 뜻은 물질을 중심으로 돌아가던 세상의 종말을 뜻하는 것입니다. 이는 물질이 아닌 영적인 본질을 중심으로 돌아가는 세상의 시작을 뜻하기도 합니다.

물질에 매여서 이익을 따지고 전쟁과 갈등이 끊이지 않았던 지구에서 영적인 성장과 깨어있는 의식으로 진화된 지구로 전환되고 있다는 것입니다.

갈등이 아니라 타협과 이해로, 전쟁이 아니라 평화와 사랑으로 꾸려나가는 지구로 변화되고 있는 혼란기입니다.

역사 속의 우리 지구는 어린아이에게 위험한 무기를 쥐여주었을 때 어떤 모습을 보이는지를 절실히 보여주었습니다. 기술은 나날이 성장하나 의식이 진화되지 않았을 때의 처참한 모습을 낱낱이 보여주었습니다.

갈 것이 가고 올 것이 오고 있는 이 혼란 속에서, 가야 할 것들(전쟁, 테러, 범죄 등)이 더 거세게 울부짖고 그 와중에 와야 할 것들(영성, 정화) 또한 강한 에너지를 내뿜으며 세계 곳곳에 피어나고 있습니다.

얼마 전 부산에서 거제도를 연결하는 거가대교에 간 적이 있었습니다.

아름다운 풍경에 사로잡혀 기분 좋게 정화를 하며 건너갔습니다.

하지만 그런 기분도 잠시, 거가대교가 관통하는 섬들은 아주 기분이 나빠 있었습니다.

"우리는 원하지 않았어. 우리는 조용히 있고 싶어. 우리는 허락한 적 없어. 너희에게 지금 가장 필요한 것은 발전이 아니라 진화야."

기술적인 발전이 아니라 의식의 진화가 필요하다는 것을 저에게 말해주었습니다.

보이지 않는 에너지를 존중하고 말과 행동은 없지만 분명히 살아있는 세상 만물을 존중해야 함을 저에게 말해주었습니다.

이것은 그 섬들만이 하는 말은 아닐 것입니다.

이 혼란 속에서 지구가 인간들에게 가장 하고 싶은 말일 것입니다.

심심찮게 언론이나 책을 통해 예언되어지는 지구의 큰 재앙이란 것이 극단적인 한순간에 벌어지는 일은 아닙니다.

수년에 걸쳐 혼란을 맞이할 것이며 이 기간 동안 일본의 대지진이나 네

팔의 지진처럼 지구의 곳곳에서 그동안 곪아왔던 부분들이 터져 나올 것입니다.

우리가 정화를 할 때 우리의 기억들이 표면으로 나와 정화되기 위해 현실을 뒤흔들 듯이, 지구 또한 스스로를 힘겹게 정화하며 그 속에 묻혀왔던 기억들이 청소되기 위해 세상으로 나와 뒤흔들리는 것입니다.

그 흔들림이 정리되어가기 시작하면 지구는 지금의 모습과 엄청나게 다른 기운을 가지고 있게 될 것입니다. 의식적으로 진화된 인간들을 품고 훨씬 안정된 모습으로 그다음 세상을 서서히 만들어가기 시작할 것입니다.

아니 끝과 시작 또한, 이 순간… 이 혼란의 몇 년 동안 공존해오고 있습니다. 어디선가 끝이 나고 시작이 되고, 또 어디선가 끝이 나고 시작이 되고….

그럼 우리는 무엇을 해야 할까요?

지구는 지금 우리의 정화를 절실히 필요로 하고 있습니다.

지구는 그 어느 때보다 깨닫고자 하는, 진화하고자 하는 인류를 절실히 필요로 하고 있습니다.

또한 진화를 위해 정화하고 있는 인류에게 가장 유리한 환경을 만들어내고 있습니다.

진화의 목적을 가진 영혼들에게, 지금의 이 지구는 가장 절절하고 가장 완벽한 내조를 해주고 있는, 진화와 정화를 위한 최고의 시대라는 말입니다.

그래서 지금의 이 시대에는 성장하고자 하는, 영성을 목적으로 태어난 인류가 그 어느 때보다 많습니다.

그동안 지구와 함께 수많은 인류가 기억을 쌓아만 왔다면 2000년대에 들어서면서 지구 차원에서 그리고 집단적인 인류의 차원에서 그 기억을 청소하고 정화하는 시대로 넘어왔습니다.

지구가 정화의 물결로 넘쳐흐를 때, 역으로 기억을 쌓으려 하는 것은 어리석은 일입니다.

물결 따라 몸을 맡기듯 지금은 나를, 내 인생을 정화하는 게 순리입니다.

그 증거가 바로 이 글을 쓰고 있는 저이며 이 글을 읽고 있는 여러분입니다.
몇 년 전만 해도 저나 여러분들이 정화며 사랑이라는 것을 제대로 알고
나 살았습니까? 그렇게 평범했던 우리들이 정화와 영성에 관련된 서적을
뒤지기 시작했습니다. 본능적으로 말입니다. 예전이라면 콧방귀 끼고 지나
갔을 정화나 사랑이라는 단어에 한 번 더 관심 있게 귀 기울여봅니다.
저같이 평범한 사람이 정화와 소통 좀 한다고 강의도 하고 책까지 쓰게
되었습니다. 90년대라면 이런 내용들을 보며 미쳤다고 다들 무시했을 것입니
다. 지금의 시대이기 때문에, 정화의 시대이기 때문에 가능할 수 있었습니
다.

나 자신을 사랑하고 내가 누구인지를 바로 볼 때 우리의 영혼은 엄청난
에너지로 지구를 변화시켜나갑니다.
지금 여러분이 하고 있는 정화는 자신의 인생만을 위해서 하는 정화가
아닙니다. 나를 향한 이 정화가 사실은 지구에 큰 도움이 되고 있다는 말입
니다.

너무나 거창하고 막연한 글처럼 느껴지십니까?
이해가 안 되신다면, 제 글에 동의를 할 수 없으시다면 지구 차원이니 뭐
니 다 잊어버리셔도 좋습니다. 그냥 내 인생 하나 위해서, 즐겁게 살기 위해
서 자신만을 위해서 정화하십시오.
나를 위한 정화가 곧 지구로 퍼져나가게 될 것입니다.
우린 하나거든요.

천사들이 들려주는 이야기 12

** 천사의 메시지, 머루 - II

헬스장의 나무 머루는 이제 나의 소중한 영적 친구입니다.

머루가 있는 곳은 사람들의 발길이 닿지 않는 아주 척박하고 좁은 땅입니다. 지저분한 쓰레기들이 있는 땅 위에 아무도 돌봐주지 않는 나무 몇 그루 사이에 서 있죠.

그런 머루의 뒤로 너무나 예쁘게 꾸며진 공원이 있습니다.

눈부시게 파란 잔디 위에 예쁘게 다듬어진 나무들이 일렬로 줄지어 서 있고 중간중간 색색의 예쁜 꽃들이 푸른 나무들을 더 돋보이게 하는 공원입니다

아무렇게나 흩날리고 있는 머루 뒤로 푸른 햇살에 빛나는 잔디 위의 나무들을 보면, 흡사 으리으리한 부잣집 옆에 초라하기 그지없는 초가집 같아

보입니다.

언젠가 머루 때문에 마음이 짠했던 적이 있었습니다.
"머루야! 그런데 넌 무슨 나무니? 소나무니?"
제가 워낙 식물에 대해서는 무지한지라….
"소나무? 그게 뭔데? 무슨 나무라니… 난 그냥 머루인데… 허허."
"아니 소나무 같은 이름 있잖아. 품종 같은 거. 몰라?"
"모르는데. 아무도 나한테 무슨 나무라고 말해준 적 없는데. 그게 있어야
하나? 혹시 그거 모르면 날 보러 안 올 거니? 그게 중요한 거야?"
"아니…… 절대 아니야. 넌 내 가장 소중한 친구인걸. 나에게 가장 특별한
나무인걸. 그게 중요한 거지. 나에게 특별하다는 게."

식목일이었습니다.
"머루야! 오늘 너의 날이야. 식목일이라고 하는데 너희들의 날이야. 축하
해."
"그래? 그런 것도 있어? 그런데 이런 날 왜 우릴 귀찮게 하고 있어?"
공원 쪽을 보니 작업하시는 분들이 나무들마다 잎을 가위로 자르고 계시
더군요.
"난 너무 좋아. 저렇게 나를 손대고 귀찮게 하지 않으니까. 흐흐. 쟤들이
날 얼마나 부러워하는데. 난 정말 좋아."
"그래. 하지만 난… 네가 좋은 장소에서 햇살도 많이 받고 좋은 땅에서 자
랐으면 좋겠다고 생각해. 왜냐하면 난 널 사랑하고 아끼니까."
"아니야. 나는 여기가 제일 좋아. 이만큼의 바람, 이만큼의 햇살, 이만큼의
땅… 그리고 내 옆의 친구들. 난 이곳이 제일 좋아. 이만큼이면 다 좋아."

머루는 나보다 늘 한 수 위입니다.

머루랑 이야기를 하다 보면 늘 내 자신이 부끄러워지고 먼저 말문이 막힙니다.

내가 만일 머루였다면 늘 공원을 보면서 내 초라한 처지를 한탄했을 것입니다.

어떻게 하면 이 척박한 땅에서 벗어날 수 있을지, 어떻게 하면 좋은 장소에서 많은 햇살을 쬐일 수 있을지 고민하고 또 고민하면서 생각 속에 사느라 시원한 바람도 촉촉한 비의 느낌도 모르고 살았을 것입니다.

왜 내 옆에는 공원처럼 예쁜 꽃대신 저렇게 못생긴 잡초들만 가득한 것인지 잡초들을 미워하면서 살았을 것입니다.

누군가 나를 보면서 인사를 한다면 지금 내 모습이 어떤지부터 신경 쓰고 있었을 것입니다. 내가 머루였다면 세찬 바람에 부러지지 않게 힘을 주고 긴장하고 있었을 것입니다.

그리고 내 존재 자체보다는 무슨 무슨 나무라는 '이름'에 더 큰 의미를 두고 살았을 것입니다.

이것은 어쩌면 우리 인간들의 평범한 모습일지도 모릅니다.

우리는 너무나 많은 것들을 바로잡으려 애쓰면서 살고 있습니다.

머루는 그런 저에게 '그냥 둘 것'을 가르쳐줍니다.

바람이 불면 부는 곳으로 몸을 내버려두고 내 땅과 내 주위 모습이 어떻든… 그 모든 걸 그대로 받아들이고 내버려둘 것을 가르쳐줍니다.

삶이 나에게 준 것들을 그대로 두라고 그리고 자연스럽게 스스로 흘러갈 수 있도록 잡지 말라고, 그래야 가장 행복한 삶을 살 수 있다고 말해줍니다.

저는 머루를 사랑하고 아낍니다.

한낱 나무에 불과하나 머루는 저에게 많은 진리와 깨우침을 준 소중한 존재입니다.

머루는 제가 아는 존재들 중에서 가장 순수한 친구입니다.

제가 머루와 교감을 하지 않은 상태에서 제 식으로만 머루를 사랑하고 아꼈다면…. 저는 어쩌면 철망을 넘어들어가 머루가 그렇게 좋아하는 잡초들을 다 뽑아버렸을지도 모릅니다. 그리고 가위를 들고 공원 안의 예쁜 나무들처럼 머루의 누런 잎들을 마구마구 잘라버렸을지도 모릅니다.

또 어쩌면 능력만 된다면 머루가 그렇게 사랑하는 그 땅에서 머루를 좋은 조건의 다른 땅으로 옮겨버렸을지도 모릅니다.

그리곤 내가 너를 위해 했다고, 너를 아끼고 사랑해서 그런 거라고 흐뭇하게 웃을 겁니다.

하지만 머루는 슬퍼서 눈물을 흘릴지도 모릅니다.

너무나 소중한 것들을 잃었을 테니까요.

우리는 살면서 많은 사람들을 사랑합니다.

내 자식, 내 연인, 내 친구, 내 부모….

머루는 나에게 말해줍니다.

나는 그들이 진정 원하는 것을 알지 못한다고, 그건 다만 내가 원하는 것일 뿐이라고.

정말 사랑한다면 그들을 내버려두고 조금은 물러서서 사랑할 줄도 알아야 함을 말해줍니다.

만족스럽지 못한 내 삶을 바로 잡고 싶으십니까?

그럼 먼저 삶을 온전히 받아들이고 만족부터 하십시오.

정말로 사랑하는 사람이 있으십니까?

그럼 먼저 자신부터 사랑하십시오.

나를 볼 줄 알아야 비로소 남들도 제대로 보입니다.

나를 사랑할 줄 모르는 사람은 남도 사랑할 자격이 없습니다.

천사들이 들려주는 이야기 13

** '사주팔자'와 정화

'사주팔자'

종교를 막론하고라도 이 단어를 모르는 사람은 없을 것입니다.

누구나 한 번쯤은 철학관에서 사주를 보거나 혹은 토정비결, 요즘 유행하는 타로 또는 별자리점 등을 호기심에 본 적이 있을 것입니다.

많은 분들은 아니지만 간혹 상담을 하다 보면 '사주팔자'에 대해 물어보시는 분들이 계십니다. 흔히 내가 타고난 '사주팔자'대로 인생이 흘러간다는데 그럼 정화를 하는 것이 무슨 소용이 있습니까 하구요.

저는 철학이나 사주학을 공부한 적이 없어 전문적인 정의나 지식, 정보는 없습니다. 정화와 소통을 하는 입장에서 본, 저의 개인적인 의견이니 오해는 없으시길 바랍니다.

타고난 사주팔자는 틀림없이 존재할 것입니다.

그러나 제가 생각하는 사주팔자란 과거로부터 온 카르마나 기억들을 바탕으로 만들어진 이생의 또 다른 나의 기록입니다.

다시 말해 과거에 뿌렸던 씨앗들이 이생에 어떤 조합으로 어떻게 재현될지에 대한 정보라고 할 수 있을 것입니다. 그러니 사주팔자대로 산다는 것이 맞는 말일지도 모릅니다.

하지만 중요한 사실이 있습니다.

사주팔자든 카르마든 기억이든 이것은 내 본질이 절대 아닙니다.

내가 걸치고 있는 액세서리 같은 것입니다. 내가 들고 있는 기록장 같은 것입니다.

내 존재 자체가 아니고 언제든지 벗을 수 있고 얼마든지 달리 변화시킬 수 있는 그리고 내 손으로 처리할 수 있는 것이라는 걸 인식하는 순간부터 우리는 사주팔자로부터 자유로워지게 됩니다.

그리고 사주팔자라는 건 최소한의 뼈대입니다. 그것이 물질 세상에 어떤 모습으로 나올지에 대한 구체적인 해석은 천차만별로 달라질 수 있습니다.

그리고 그것을 체험하고 경험하는 의식적 차원의 체감 정도도 각자 다 다릅니다.

'운이 좋은 해'라고 해본다면 그 기준은 과연 무엇일까요?

로또 1등이 당첨되면 말할 것도 없이 운이 좋은 해일 테고, 우연히 들른 병원에서 막 시작된 병을 발견해 완치할 수 있게 되는 것 또한 운이 좋은 해라고 할 수 있습니다.

'칼 쥐고 일할 사주'라고 한다면 살인자도 될 수 있고 외과 의사도 될 수 있으며 요리사가 될 수도 있습니다.

구설수가 있다 하면 지나가는 시비에 잠깐 마음 상한 일도 될 테고 어쩌면 중요한 일에서 큰 낭패를 보게 되는 건지도 모릅니다.

그리고 똑같은 일을 당해도 어떤 사람은 '이 정도야. 별거 아니네'라고 넘기는가 하면 어떤 사람은 '죽을 만큼 힘들고 불행한 사건이었어'라고 할 수도 있습니다.

마찬가지로 재물 복이 좋아 일생 풍족하게 살아놓고도 늘 부족하다고 느끼는 사람이 있는가 하면, 넉넉지는 못했어도 '이 정도면 잘 먹고 잘살았다. 내가 돈복은 있었네'라고 하는 사람도 있을 수 있습니다.

사회적인 분위기에 따라서도 사주의 의미는 얼마든지 달라지기도 합니다.

예전에 결혼을 필수라고 여겨왔던 시대 그리고 여자들의 사회생활이 거의 없었던 시대에서는 여자의 사주에 남편이나 자식이 없는 게 최악이었겠지만 요즘같이 여자들도 사회생활을 많이 하고 또 편하게 혼자 살기를 원하는 독신의 인생관을 가지고 있는 여자라면 그 사주는 오히려 아주 유리한 사주가 됩니다.

또한 똑같은 사주를 놓고도 해석하는 사람의 관점에 따라 달라지기 일쑤고, 한 사람의 사주임에도 몇 년 뒤에는 완전 다르게 해석되는 경우도 종종 있습니다. 앞서 봤듯이 체험하는 사람에 따라서도 얼마든지 의미가 달라질 수 있구요.

또 가장 중요한 것은 내가 정화를 하면서 정보들의 질을 바꿔나가기 시작하면 똑같은 뼈대라도 그 모습이 훨씬 더 멋지고 안정적으로 변할 수 있다는 것입니다.

케오라의 말에 의하면 잠재의식이 활성화되면 될수록 기억 자체가 유동적이 되기 때문에 사주대로 맞아떨어지지 않는 느낌이 들고, 심층의식의 기억 속에서 돌아가고 있는 인생은 기가 막히게 사주대로 착착 맞아떨어지는 느낌이 들기도 한답니다.

사주나 역학 점성술을 전혀 모르는 입장에서 하는 말이라 전문가의 입장에서 보면 말도 안 되는 내용이라고 하실 수도 있을 것 같습니다.

늘 그렇듯 저는 맞다 틀리다에 대한 논쟁을 위해 이야기를 시작한 게 아닙니다.

사주를 바라보는 일반인으로서 그리고 정화와 소통을 해오는 사람으로써의 주관적이고 개인적인 관점이라는 점 다시 한 번 말씀드립니다.

그리고 아예 사주팔자라는 말 자체가 거슬리고 와 닿지 않는 분들도 계실 것입니다. 하지만 이것은 어휘의 차이일 뿐 제가 누누이 강조하는 과거의 기억이고 정보입니다.

내 안의 기억이 존재하고 그 기억대로 인생이 흘러가고 있음을 전혀 인식하지 못하고 살 때에는 그 기억의 재생 속에 그대로 갇혀있게 됩니다.

하지만 정화를 하고 내 본질을 알게 되고 깨어서 내 자신을 관찰할 수 있게 되면 기억의 재생 속에 존재하는 것이 아니라 그 위에서 바라보게 되며 **기억을 청소하느냐, 하지 않느냐를 결정할 수 있는 주체**가 됩니다. 정화를 할 것인가, 하지 않을 것인가의 가장 본질적이고 중요한 선택권을 얻게 되는 것입니다.

우리의 잠재의식은 과거의 기억이라는 심층의식에 갇혀 아무런 힘도 발휘하지 못했던 긴 인생을 다 지켜보았을 것입니다.

안타깝게 지켜보며 깨어나기를, 그래서 스스로 그 기억을 청소하고 진정한 자유를 누리기를 바라고 있었을 것입니다.

늘 우리에게 냉정하게 침묵을 지키는 있는 것처럼 보이지만 실은 이 모든 것을 지켜보며 깨어나라고, 그래서 자신의 인생이 어떻게 돌아가고 있는지를 똑똑히 관찰하라고 늘 우리의 현재의식을 두드렸을지도 모릅니다.

어쩌면 그 강렬한 두드림이 여러분들을 이 이야기 속으로 이끌었던 건 아닐까요.

천사들이 들려주는 이야기 14

** 남의 집에 살고 있는 우리들

정화를 하기 시작하면서 내 내면과 인생을 조금은 바로 보게 되고, 사람들을 만나면서 그들의 삶을 바라보게 되고, 그러면서 저에게 숙제처럼 무겁게 다가온 것은 남의 세상에서 사는 사람들 바로 우리들이었습니다.

놀랍게도 우리는 우리 세상에 존재하지 않습니다.

놀랍게도 우리는 우리 집이 아닌 남의 집에 존재합니다.

그러면서 뭔가 불안해하고 편안한 안식을 찾지 못하고 외로워합니다. 당연히 남의 집에 있으니 편안할 수가 없는 것입니다.

자식 안에서 살았다가 남편 혹은 아내 안에서 살았다가 직장동료 안에서 살았다가 때로는 친구들 안에서 살았다가 늘 이렇게 타인의 삶 속을 배회합니다.

자식 문제로 걱정에 빠지고 남편과의 마찰로 불행해 하고, 주위 사람들의 시선 때문에 늘 편하지 못하고, 나보다 나은 사람들 속에서 주눅이 들고, 나보다 못해 보이는 사람들 속에서 안심했다가, 믿었던 친구들 속에서 배신감에 휘청하기도 하고….

내 눈은 늘 타인의 행동을 주시합니다. 타인의 반응에 기뻐하기도 하고 화가 나기도 합니다.

내 귀는 늘 타인의 말에 집중합니다. 내 욕을 하는지, 내 칭찬을 하는지 귀를 쫑긋 세워야 합니다.

내 입은 남을 향해 늘 말합니다. 내 의견이 맞으니까 설득도 해야 하고 나는 잘못한 게 없으니까 변명도 해야 하고 너를 위해서니까 충고도 해야 합니다.

내 생각은 늘 남에게 향해있습니다.

'이 사람은 이렇군. 저 사람은 저렇군. 나랑은 맞지 않아.'

내 마음은 남을 담고 있습니다. 사랑하는 가족, 친구들, 내 주변 사람들을 담고 있습니다.

내 자신은 어디에 존재합니까?

이런저런 사연들의 사람들을 만나다 보면 자기 자신을 잃고 사는 사람들이 너무나 많습니다.

물론 그렇지 않은 분들도 많겠지만요.

저조차도 정화로써 내 자신을 보기 전에는 타인의 세상 속에서 많은 스트레스를 받아왔습니다. 저는 그런 분들에게 이렇게 말합니다. 남의 세상에서 이제 내 세상으로 넘어오십시오.

내 눈으로 내 자신을 바라보세요.

내 손, 내 발, 내 몸, 내 행동들, 어떤 상황에 반응하고 있는 내 모습들을 바라보세요.

누군가 나에게 시비를 건다면 그 상대방의 행동에 집중하지 말고 그 상황에 반응하고 있는 내 모습을 바라보세요.

보기 좋습니까? 현명해 보입니까?

내 귀로 내 말을 들으세요. 내 목소리에 집중하고 내 말에 집중하세요. 내가 지금 누군가에게 무슨 말을 하고 있는지 내 귀로 든으세요.

꼭 필요한 말입니까? 중요한 말입니까? 긍정적인 말입니까? 부정적인 말입니까?

내 생각을, 내 마음을 지켜보세요.

생각들이 어떻게 흘러가는지, 내 마음에 무엇이 담겨있는지 내 영혼에게 말을 걸고 내 영혼에게 사랑과 관심을 두세요.

상대방은 절대로 내 인생에 영향력을 행사할 수 없습니다.

오직 나 자신만이 내 인생에 영향력을 행사할 수 있습니다.

왜 인생이 이리 힘드냐구요? 왜 인간관계가 이리 힘드냐구요?

내 인생 하나 달랑 책임지면 될 것을 수많은 사람들의 인생에 다 참견하고 연연해가며 그 많은 몫을 내 것으로 책임지려 하니 무거워 느려지고 지치고 힘들 수밖에 없는 것입니다.

오늘 누군가 내 인사를 무시했다면 그건 그 사람의 몫일 뿐입니다. 나는 반갑게 인사를 한 것으로 내 몫을 다한 것입니다.

하지만 그 상대방의 반응에 내 행동과 내 말과 내 생각과 내 마음이 흔들린다면 우린 또다시 남의 세상으로 넘어가 소중한 인생을 낭비하고 말 것입니다.

제 글에서는 늘 깨어있음을 강조합니다. 내 자신을 바라볼 수 있는 것 또한 깨어있는 상태입니다. 외부 세상에 돌려있던 시선이 내 자신에게 향하는 순간 깨어나는 것입니다.

남을 무시하고 살라는 말이 아닙니다.

불교에서 최고의 선이란 나를 위한 일이 남을 위한 일이 되고 남을 위한 일이 나를 위한 일이 되는 것이라 했습니다.

내 자신을 사랑할 줄 알아야 남도 진심으로 사랑할 줄 압니다.

내 자신을 바로 볼 줄 알아야 남도 바로 보입니다.

내 자신이 정화가 되어야 내 주변의 인연들도 정화가 됩니다.

인생의 근본은 늘 내 자신에게 있음을 잊지 말아야 합니다.

자식 문제로 저에게 상담을 하시는 분들에게 가끔은 모진 말을 하기도 합니다.

당신 자신도 돌보지 못하고 제대로 사랑하지도 않으면서 누구를 돌보고 사랑할 수 있겠느냐고요. **정화는 내 자신을 사랑하고 바라볼 수 있는 최고의 방법**입니다.

그들이 들려주는 이야기 2

** 장윤호 님

〈기적 같은 일상〉

우선 제 글이 천사들이 들려주는 이야기(이하 천사이야기)의 한 부분을 장식할 수 있어 대단히 기쁘고 이렇게 아름다운 기회를 주신 핑크돌고래님께 다시 한 번 감사드립니다.

천사이야기는 저에게 진리 혹은 종교에서 말하는 성서, 불경, 성경과 같습니다.

얼마 전 핑크돌고래님께 이런 약속을 한 적이 있어요.

"천사이야기를 실천하며, 그 경험담을 꼭 들려드리고, 이 글이 세계로 알려지는데 한몫 단단히 하겠습니다."

벌써 이뤄지려나 봅니다.

전 최면, EFT, 기공치유(Energy Theraphy), 카이로프라틱, 사주명리학, 육효, 타로 등에 관심이 많은 평범한 회사원입니다. 이러한 관심의 배경에는 나 자신을 치유하고 뭔가 다르게 살고 싶어하는 또 다른 내면의 본능이 숨겨져 있었던 것 같습니다.

지금까지 살아오면서 전 매사 심각하고, 힘든 일을 자처하며, 책임지려 하고, 무거운 중압감을 가지고도 겉으로는 항상 밝은 모습인 척 해왔습니다. 타인의 걱정과 스트레스조차 대신해서 받으며 고질적인 강박증을 가지고 있었습니다. 타인의 시선에 옳은 모습이 되려고 힘 써가며 그렇게 사는 게 멋지고 행복하다고 믿고 있었어요. 그리고 일만 열심히 하는 것이 회사를 위하고 저를 위하고 가족을 위하는 것이라 굳게 믿으며, 가슴속에 담고 살아왔습니다.

철저하게 계획하고 구성하고 하나씩 이뤄가는 성미라 저 자신에 대한 구속, 비난의 채찍질을 서슴없이 했죠. 지난 외국 생활을 모두 청산하고 한국 사회에 적응해야만 하는 상황이었기에 더욱 강해지려 노력하고 누구보다 열심히 일하면서 긴장을 놓지 않았습니다.

어느 날, 인간관계 문제, 회사 문제, 가족 문제, 모든 것은 다 내 책임이고 내가 떠맡아 가야 하는 상황이 반복적으로 나타나며 더 이상 물러설 곳도 없는 극한 상황이 만들어졌습니다.

정말 머리에서 흰 연기가 새어 나올 정도로 하얗게 다 타버리고 재만 남는 느낌이 들더군요.

그동안 전 이렇게 살았습니다. 아니 이렇게 살아야만 하는 것으로 착각하며…….

여행 시작~!

2013년, 핑크돌고래님과의 만남을 통해서 내 안의 잠재의식(영혼) '귀염둥이'라는 존재는 알게 되었지만, 소통이란 것이 그다지 와 닿지는 않았습니다.

그해 12월, 삶이 너무 버겁고 힘들어 '아! 이건 아니다'라는 생각이 아주 강렬하게 들기 시작했습니다. 그 무렵 핑크돌고래님을 통해 알게 된 호오포노포노와 정화를 본격적으로 시작하고 천사들이 들려주는 이야기를 수십 번 읽고, 읽고 또 읽은 계기가 되었습니다. 가슴이 답답하고 힘들면 천사이야기를 읽었습니다. 그리고 밥 먹듯이 정화(미, 용, 고, 사)를 하고 소통을 하며 그렇게 2014년을 맞이했답니다.

2014년 1월 17일, 진심으로 핑크돌고래님께 구원의 손을 내밀었습니다. 제 삶 버티기가 너무도 힘들다고, 도저히 어떻게 해야 할지 앞이 보이지 않는다고 도움을 요청했습니다.

저에게 그러시더군요.

"선생님의 잠재의식은 전혀 힘들어하지 않아요. 너무도 밝고 힘차고 즐거워하는걸요."

그리고 현재의식이 모든 걸 갖다 붙이고 모두 다 내가 책임져야 한다는 생각이 내 삶을 무겁다고 힘들다고 착각 속으로 빠져들게 한다고 하셨습니다.

이 말을 듣는 순간 제 주위가 유리조각 깨지듯 뭔가 내 안에서 빛을 내기 시작하더군요.

내 삶! 이거 좀 이상한데! 이렇게 생각하는 순간부터 많은 변화들이 찾아왔습니다.

'이런 삶을 살려고 내가 태어난 것은 결코 아니야!'라는 강한 의구심으로부터 무거운 의식의 짐을 벗어 던지고 가볍게! 평온하게! 내 삶은 여행이라 생각하며 떠날 준비를 합니다.

진짜 내가 누구지? 바라는 게 무엇이지? 어떤 사람이지? 이런 질문에 답변이 명확하게 돌아올수록 그동안 마음속에서만 다짐했던 것들을 자연스럽게 현실에서 맞이하게 되었습니다.

결과에 집착하고 기대하는 걸 내려놓으며 점점 의식의 힘을 빼는 순간부터 조금씩 선명해졌습니다. 그동안 내가 잊고 지냈던, 즐거워했던 것들을 떠올리며 다시 해나가기 시작했습니다.

인간관계 문제를 하나씩 정화하다 보니 문제점들이 단순하고 선명해졌습니다. 우선 가장 큰 착각이었던 내 것에서 깨어났습니다.

내 소유의 물건이 내 것이란 착각, 내 사람이라는 착각, 내 여자, 내 남자, 내 아이, 내 물건…. 지금 존재하는 현실을 그대로 보기보다, 내 안에서 내가 생각하는 상대를 보며 착각들 속에서 살아가고 있더군요. 그러니 상처가 되고 배신이 되고 힘들고 고통스러운 걱정과 근심이 되었습니다.

현실은 이미 존재하는데 현실보다 착각을 보려 애쓰고 내가 만들어낸 상대를 보니 당연히 맞지를 않았습니다. 이러한 착각에서 깨어나니 모든 관계들이 너무도 온전하고 평화로웠습니다.

그리고 내게 가장 편하게 유리하게 인간관계를 만들면 상황도 그렇게 변했습니다.

회사 문제에 관해선 회사 자체를 의식으로 대하며 대화하고 교감을 하니 마음이 한결 고요해지며 여유가 생기기 시작했어요. 그 많은 사람들이 화내고 짜증을 내고 부정적인 에너지를 뿜어내니 회사도 감당하기 힘들었을 겁니다. 회사에게 진심으로 정화를 했습니다.

그러니 점점 회사도 달라지며 활기찬 분위기가 느껴지더군요. 그리고 이렇게 말했습니다.

처음부터 다시 시작하자. 내가 맡은 부분은 최선을 다한다. 나머지는 네게 좀 부탁할게!

무엇이든 당당하고 대범하게 대하며 회사의식과 잠재의식에게 맡겨버렸습니다.

특히 일에 관해서는 최선을 다하고 결과는 받아들이기로 원칙을 정했습니다. 그 결과까지 걱정하며 스트레스받는 건 내 일이 아니라 맡기니 마음이 훨씬 편해졌습니다.

가족 문제는 사실 제게 가장 큰 걱정과 고민거리 중 하나였습니다. 특히 아버지와의 문제는 제 삶을 비틀어버리기에 충분할 만큼 많은 영향을 주었습니다.

천사이야기 중 **"모든 건 내게 가장 유리하게 흘러간다"**는 법칙이 있다고 합니다. 이 법칙으로 저 자신을 보면 복잡했던 문제들이 쉽게 되고, 단순하게 설명이 되며 가족들과 저와의 현실적 모습까지 이해되었습니다. 정확한 현실 상황을 인식하고 받아들이는 태도가 달라지니 현실적인 상황도 어느 순간 바뀌어 있었습니다.

저는 살아오면서 일이 발생하면 특정한 반응을 나타낸다는 것을 알았습니다.

가령 누군가 제가 듣기 싫어하는 말을 할 때 그걸 듣고 신경 쓰거나 기분 나쁘고 짜증을 내고 몇 가지 부정적인 행동 패턴이 있는데 그렇게 행동할 때마다 상황은 더욱 나빠졌습니다.

그때 잠시 기분 나빠하는 날 바라보며 그전과 다른 행동을 선택하면 전혀 다른 상황으로 현실이 바뀐다는 것을 알았습니다. 가령 미소를 짓고 가능한 가장 기분이 좋아지는 상상을 하는 겁니다.

늘 반복해오던 패턴을 알아차리고 깨어나서 현실을 보게 되니 모든 게 영혼들의 협력에 의한 가장 유리한 일들이었음을 받아들이게 되었습니다.

그리고 전 더 이상 피해자가 아니었습니다. 제 삶을 책임지는 관리자가 되어 있었습니다.

2014년을 기점으로 착각 속에서 깨어나니 제 삶이 선명하게 드러났습니다.

회사에선 창사 이래 최고의 신규 매출을 달성하고 이를 인정받아 임원으로 진급했습니다.

올해는 더 큰 성장을 앞두고 있으며 기업 확장을 위한 부지 매입과 공장 신축 프로젝트를 맡아서 수행 중입니다. 정부에서 수여하는 상을 3회 수여받으며 강소기업의 빛나는 일원으로 자리매김하고 있습니다.

개인적으로는 무기력하던 삶과 대사증후군이라는 오명을 벗어내고 성공적인 다이어트를 통해 TV에도 출연하고 유명 인사와 친분을 가지는 기회도 있었습니다.

또한 그동안 하고 싶었던 공부들을 다시 시작함으로써 활기 넘치고 신나며 즐거운 삶으로 탈바꿈하게 되었습니다. 그리고 잊고 있던 저의 꿈 '100개국 여행'을 다시 시작하고 있습니다. 하고자 하는 순수한 마음으로 끌어당기고 허용하니 가장 자연스러운 형태로 내게 다가왔습니다.

자연스럽게 이 모든 기적이 일상에서 일어났다고 생각해보세요.
핑크돌고래님과 '천사들이 들려주는 이야기' 덕분에 꿈꾸던 삶이었던 '지금'을 깨어나서 최대한 가장 기분 좋게 만끽하고 있습니다.
그리고 저처럼 기적 같은 경험을 하신 많은 분들이 모여 경험담을 나누고 모임도 만들어 자연스럽게 호흡하듯 정화와 소통을 통해 가족처럼 다 함께 성장하고 있습니다.

저의 잠재의식(영혼)이 핑크돌고래님을 통해 들려준 "난 즐거운 경험을 할 때 정화가 돼"라는 말은 저에게 부적과 같습니다. 무엇을 하던 즐겁게 느끼고 행동하면 제게 딱 맞는 정화입니다.
즉, 이번 삶에 정화란 잠자던 나를 깨우며 즐거운 경험을 통하여 잠재의식과 소통하며 함께 성장하는 신나는 여행이란 걸 알게 되었습니다.

천사들이 들려주는 이야기를 보면 잠재의식(영혼)은 언제나 현재의식에게 얘기를 들려준다고 합니다. 언제나 바라보며 돌봐주며 흐뭇하게 아빠 미소, 엄마 미소 지으면서요. 그러니 이제 인생이라는 동화책 전집 중 한 권을 살아가는 우리는 언제나 즐거운 마음으로 소망하며 에너지의 초점을 나에게 맞춰 내게 가장 유리한 삶으로 살아보는 게 어떨까요?

자, 여러분! 천사들이 들려주는 이야기를 보며 자연스럽게 정화하고 소통을 시도해보세요.

그러면 자신이 상상조차 할 수 없었던 새롭고 멋진 현실이 내 눈앞에 펼쳐질 것입니다.

오로지 우리가 할 일은 일상의 기적들을 그대로 허용하고 받아들이기만 하면 됩니다.

– 지구별 여행자 부산아제

* 상기의 글은 대부분 핑크돌고래님과의 대화 및
천사들이 들려주는 이야기의 본문을 인용하여 적었습니다.

천사들이 들려주는 이야기 15

** 문제의 원인을 밖에서 찾지 말라

정화를 하기 전의 저는 따지고 분석하기를 좋아했었습니다.

문제라는 것이 인식되고 나면 그 원인을 며칠을 두고라도 밝혀내고야 마는 성격이었습니다. 원인을 알아야 해결책도 있다고 굳게 믿었었기 때문입니다.

예를 들어 배가 아프다면 '음식 때문인가? 상해서 그런 건가? 나한테 맞지 않는 음식을 먹었나? 무슨 음식이었지? 낮에 먹었던 생선? 아니면 아침에 먹었던 우유가 상했었나?'

꼬리에 꼬리를 물고 원인을 분석한 뒤에 그 다음으로는 또다시 해결책을 찾기 위해 생각 속에 들어갑니다.

'약을 먹을까? 무슨 약을 먹지? 그냥 약국에서 살까? 아니면 병원에 가야 하나?'

배가 아프다는 이 상황이 나의 분석과 생각이 더해져서 엄청나게 덩치가 큰 문제가 되어버립니다. 소중한 하루의 전부를 차지해 버리죠.

이것은 하나의 간단한 예일 뿐이고 사실 우리들은 모든 삶에서 문제에 대한 원인을 분석하는 습관에 길들어 있습니다.

제가 이렇게 문제라는 것에 대해서 고민을 시작하려고 하면 케오라는 단호하게 제 생각을 막습니다. 그리곤 이렇게 늘 말합니다.

"문제의 원인을 밖에서 찾지 말라."

지금 내 삶에 일어나는 모든 일들은 이미 내 안에서 형성되어 현실이라는 곳에 뿌려진 것들입니다.

배가 아픈 원인은 외부세상의 그 무엇, 어떤 음식 때문이 아닙니다.

내 안에서 어떤 과거의 기억이 완벽한 때를 기다리고 있다가 마침내 열매가 되어 이 세상에 모습을 드러낸 것입니다.

'호오포노포노'에서 말하는 "내 안의 그 무엇이 이런 문제를 만들었나"입니다.

하지만 안타깝게도 우리가 완벽하게 나의 내면과 일치되지 못한다면 내 내면 속에서 구체적인 진짜 원인을 찾아내는 것은 사실 불가능합니다.

그래서 저는 저에게 조언을 구하는 분들께 특정한 상황이나 문제를 지정하지 말고 정화를 하라고 늘 말합니다.

외부세상 속에서 현실의 문제를 해결하기 위해 원인을 찾고 해결책을 찾고자 하는 생각 노력은 별 의미 없음을 강조합니다.

현실이 꼬이는 느낌이 든다면 정화에 집중을 해야 할 시기일 뿐입니다.

우리 현재의식으로는 완벽한 원인을 알 수가 없습니다.

아니 현실 속에 원인이 없으니 당연히 의식이 완벽한 답을 찾을 수가 없는 것입니다.

현실 속에서 배가 아픈 원인을 찾아 특정 음식을 피하게 되더라도 내 안에 나를 아프게 하는 뿌리가 존재하고 있다면 또 다른 모습과 방식으로 나를 아프게 만들 것입니다.

예를 들어 어떤 사람이 복숭아 알레르기가 심했는데 아무리 알레르기약을 먹고 면역을 올려도 낫지 않았습니다. 그랬던 그가 어렸을 적 복숭아를 먹는 중에 친한 친척이 죽었다는 소식을 듣게 되면서 놀랐던 기억을 떠올려 해결했더니 거짓말처럼 복숭아 알레르기가 없어졌다고 합니다. 복숭아가 근본원인이 아니라 친척의 죽음에 대한 충격의 기억이 원인이었던 것입니다. 아마 그 당시 사과를 먹으면서 그 소식을 들었더라면 그 사람은 평생 사과를 먹지 못했을 것입니다.

저에게 메일로 도움을 요청한 게임중독에 빠진 학생이 있었습니다.

보통은 게임을 당장 중지할 것을 권해야 하지만 저는 이렇게 말했습니다.

'왜 내가 이런가. 어떻게 해야 하지?'하는 자책과 노력을 최소한으로 하라구요. 그리고 그냥 게임이 너무나 하고 싶으면 하라구요.

현재의식의 억압은 당장은 그 중독을 멈출 수가 있으나 또 다른 기억이 되어 입력되어 있다가 다른 모습으로 아니면 같은 부분에서 또다시 반복될 수밖에 없습니다.

그래서 현실 속에서 생각으로 원인과 해결책을 찾을 그 시간에 내면의 깊은 곳을 향해 정화하고 또 소통을 하라고 말했습니다.

그러면 그것에 대한 내 의식의 집착이 힘든 노력 없이도 서서히 풀어지게 됩니다.

그리고 게임을 하고 있는 자신의 모습을 보는 것만으로도 집착의 힘이 반은 풀어지게 됩니다.

술에 빠져있나요? 담배에 빠져있나요?

그런 자신의 모습을 마치 유체이탈한 듯 한발 물러서서 바라보십시오.

술을 마시고 있는 자신의 모습, 담배를 피우고 있는 자신의 모습 마냥 행복하고 즐겁게 보일까요? 아니면 외롭고 안쓰러워 보여서 스스로 안아주게 될까요?

그렇게 자신의 모습을 보게 되면 문득 원인이 올라오기도 합니다.

'외로워서 그랬구나. 지쳐서 그랬구나. 아무도 널 위로해주고 보듬어줄 사람이 없어서 그랬구나…'하구요.

근본이 해결되는 데는 물론 시간이 걸립니다.

하지만 근본이 무시되어지면 그것은 해결책인 것처럼 보일 뿐 또 다른 문제를 만들어냅니다.

몸이 아플 때 케오라는 이렇게 말합니다.

"내 몸에 생긴 병을 내 집에 찾아온 손님처럼 대해봐. 도둑으로 대하면 내 몸에 흠집을 내고 나갈 것이고 귀한 손님처럼 대하면 조용히 나가거나 아니면 오히려 감사의 선물을 주고 갈 거야…"

내 현재의식이 말하는 해결책만을 따라가면 수많은 노력에도 모든 게 헛수고가 되거나 또 다른 문제를 일으키게 될 수도 있습니다.

정화로 내 몸을 존중하기 시작하면 그들이 나를 완벽한 해결책으로 인도해줍니다.

실제로 주변에 정화를 하면서 술을 끊게 되었다는 분들이 꽤 많으십니다. 술이라고 지정하지 않았음에도 정화를 하고 깊은 내면과 소통을 하기 시작하니 술이나 커피 같은 자신에게 맞지 않았던 것들이 저절로 끊어지게 되더라는 것입니다.

제가 말하는 것은 아픈데 약도 먹지 말고 정화하라는 것이 아닙니다.

생각 속에서 찾은 약과 정화 속에서 찾은 약의 차이를 말하는 것입니다.

"문제의 원인을 밖에서 찾지 말라."

모든 것은 내 안에 있습니다.

문제도, 해결책도, 원인도 모든 것이 내 안에 있습니다.

내 안을 살피고 내 안을 정화하다 보면 가장 적당한 시기에 가장 적당한 현실의 문제들이 하나씩 하나씩 풀어지게 됩니다.

이런 진리를 알게 되면 생각 속에 잠겨있는 시간들이 너무나 아깝습니다. 더 정화하고 더 정화해야 소위 문제라는 것이 앞으로 생기지 않을 것이니 정화를 놓치고 있는 이 순간들의 시간들이 너무나 아깝습니다.

잊지 마세요. 현실 세상은 껍질입니다. 본질은 내 안에 있습니다.

현실 속에 허우적대는 내 현재의식은 마치 수박 속은 버리고 껍질만 먹는 것과 같습니다.

얼마나 쓰고 맛없으며 어리석은 짓입니까.

내 안을 바라보는 눈을 가져야 합니다.

그 눈이 바로 정화이고 소통입니다.

천사들이 들려주는 이야기 16

** 두 번째 여행 이야기, 호주와 뉴질랜드

호주 시드니로 향하는 비행기는 아주 편안했습니다.

마치 곰돌이 푸 같은 느낌의 비행기였는데 인사도 귀엽게 잘 받아주고 파일럿분에 대해 묻자 아주 편하고 여유 있으며 좋은 분이라고 하더군요. 야간비행이라 잠을 자야 했는데 사람들을 배려하는 듯한 부드러운 느낌까지 받을 수 있었습니다.

그렇게 긴 비행을 마치고 호주에 내려 정화를 하니 여유와 호감, 자연스러우며 부드러운 느낌들이 들었습니다. 마치 손주를 반갑게 맞아주는 할머니의 여유 있고 부드러운 미소랄까요. 그런데 이상한 단어로 인사를 하는듯한 느낌이 들었습니다.

하와이의 '알로하' 같은… 원주민의 언어 같기도 하고 아무튼 알아들을 수 없는 단어를 계속해서 반복하더군요.

역사에 대해서는 특히 세계사에 대해서는 전혀 무지한 저였지만 호주가 원주민들이 있던 곳이었구나 하는 것을 느낌으로 알 수 있었습니다.

저는 많은 나라를 여행해보진 않았지만 나라마다 독특한 느낌이 있는 것을 보면 참 신기합니다. 마치 사람들마다 각각의 개성이 있는 것처럼 말입니다.

저는 여행할 때 그 나라에 대해 미리 정보를 알고 가지 않습니다.

정보는 또 다른 선입견이 되어 나의 영감을 방해할 수도 있기 때문에 정말 무지한 상태로 여행을 떠납니다. 깨끗이 비운 상태에서 낯선 땅에 내려 그 나라를 정화하고 섬세하게 느껴보면 그 나라만이 가진 느낌이 드러납니다.

참 신기한 것은 제 느낌만으로 알게 된 정보와 객관적인 그 나라의 정보가 일치할 때가 꽤 많았다는 것입니다.

호주 여행은 아쉽게 너무나 짧았지만 시간이 지날수록 호주 땅 자체가 스스로 정화를 하고 있다는 것을 느낄 수가 있었습니다.

영감으로 가득 차 있었으며 건축물이나 자연 땅 모든 것이 선명하게 살아있는 것 같았습니다. 그곳에 있는 것만으로도 영감이 강해지고 정화가 됨을 강렬하게 느꼈습니다.

시드니의 '갭팍'이라는 곳에 갔습니다.

그곳은 수직 절벽으로 이루어져 있어 아래 바다를 내려만 봐도 아찔한 곳이었습니다.

그 아름다운 곳에서 많은 사람들이 자살을 한다고 하더군요.

그렇게 많은 사람들이 슬픔과 우울함을 안고 죽어간 곳이라면 당연히 우울하고 어두운 기운이 감돌만도 한데 아주 편안하고 밝은 느낌만이 가득한 곳이었습니다.

그곳 자체가 이미 그 죽음을 하나하나 다 정화를 하고 있는 것 같았습니다. 죽음의 흔적이 전혀 느껴지지 않을 정도로 말입니다.

제가 물었습니다.

"어쩜 이렇게 영감으로 가득할 수가 있지? 어떻게 그렇게 스스로 정화를 할 수가 있지?"

"이곳은 원주민이 행복한 곳이야. 원주민이 행복한 곳은 땅도 행복하지. 그러니 정화가 될 수밖에."

어쩌면 땅도 인간과 똑같이 과거의 기억으로, 인과법으로 매 순간을 맞이하고 있는지도 모릅니다. 그렇다면 그 땅에 태어난 우리들도 그 시대에 살았든 살지 않았든 그 땅이 가지고 있는 역사의 기억을 함께 책임져야 하는 것은 아닐까요?

호주에는 나무들이 참 많았습니다. 눈 돌리는 곳마다 나무들이더군요. 나무들이 저에게 말했습니다.

"우리는 아주 행복해. 우린 이 땅이 너무나 좋아. 큰 나무도, 작은 나무도, 울창한 나무도, 죽어가는 나무도, 이곳 사람들은 모두 우리를 사랑하고 아껴줘."

나중에 안 사실이지만 호주에서는 자기마당에 있는 나뭇가지를 자를 때도 정부의 허가를 받아야 한다고 합니다.

호주라는 그 넓은 땅에는 마을 곳곳마다 사람들이 푸른 나무들 속에 파묻혀 살고 있었습니다. 참 부러운 일입니다. 넓은 땅이라 부러운 것이 아니라 호주는 사람이 주인이 아니라 자연이 주인인 곳이라 참 부러웠습니다.

호주에서 뉴질랜드에 대해 물었습니다.

"뉴질랜드는 젊어. 나보다 훨씬 젊고 열정적인 곳이지. 그곳은 좀 더 자극적일 거야. 그 열정이 조금은 불편하게 와 닿을 수도 있을 거야. 요란하게 널 맞을걸."

그때는 그게 무슨 뜻인지 몰랐습니다.

이것도 나중에 뉴질랜드에 도착해서 안 사실인데 뉴질랜드의 뜻이 새로운 열정의 땅이라 하더군요. 생긴 지 얼마 안 된 신생아 땅이란 것도 알게 되었습니다.

화창한 날씨였던 호주와는 달리 뉴질랜드에 내리자마자 거센 눈보라와 어른 엄지손가락만 한 우박이 쏟아지기 시작했습니다. 그런 광경은 난생처음이었습니다.

정말 요란한 첫인사였습니다.

뉴질랜드는 저에게 말하길 "꼭 필요한 곳만 보고가. 안 가도 될 곳은 안 가게 될 거야."

이렇게 뉴질랜드 여행일정에 차질이 생길 것을 미리 짐작할 수 있었습니다.

역시나 이틀 정도는 100년 만에 내린 폭설로 발이 묶여있었답니다.

하지만 아담한 숙소의 테라스 앞으로 연결된 울창한 숲에 하얀 눈이 덮여있는 풍경이 너무나 아름다워 이틀이 전혀 지루하게 느껴지지는 않았습니다.

아직도 눈을 감으면 그때 봤던 숲의 풍경이 눈앞에 금방이라도 펼쳐질 것만 같습니다.

호주에서는 참 편하게만 있었다면 뉴질랜드에서는 묵직한 메시지를 많이 느꼈습니다. 뉴질랜드 여행의 하이라이트라고들 하죠. '밀포드사운드'라는 곳에 갔습니다. 어떤 곳인지는 글로 표현하지 않겠습니다. 아무리 애를 써도 그 신비로움을 다 표현할 수가 없기 때문입니다.

그곳은 머리가 어질할 정도로 신성한 느낌이 강렬한 곳이었습니다.모든 곳들이 다 신성하고 가치 있는 곳들이지만 왠지 그곳에는 지구의 어떤 중요한 에너지가 많이 농축되어져 있는 곳이란 느낌이 들었습니다.

"살려… 살려야 해… 살려……."

아주 강렬한 메시지.

"자연을 살려. 살려야 해. 자연이 살아야 인간이 살고, 인간이 살아야 지구가 살고, 지구가 살아야 우주 또한 완벽하게 순리대로 돌아가. 너희들이 눈으로만 자연을 보지 않고 살아있는 자연의 영혼을 본다면 작은 것 하나도 함부로 다룰 수가 없을 텐데…."

사실 저같이 평범한 사람이 어떻게 해야 할지, 너무나 강렬하게 가슴을 파고드는 그 메시지에 눈물만 핑 돌았습니다.

역시나 또 정화하는 수밖에요.

정화해서 내가 맑아지고 깨어나면 그 에너지가 내 주위 사람들을 깨우고, 그 깨어난 사람들이 또 그 주위를 다시 깨우고, 그렇게 언젠가는 이 지구 상의 모든 사람들이 맑아지고 맑아져서 내 자신의 영혼도 살아있음을 동시에 세상 만물의 모든 영혼들이 살아있음을 깨닫게 하는 수밖에요.

환경운동가가 아닌 저로서는 정화하고 또 정화할 수밖에 없음을 그 길이 제 길임을 다시 한 번 다짐했습니다.

그리고 세계 7대 불가사의 중 하나라는 와이토모 반딧불동굴에 갔었습니다.

"신기하다"라는 말밖에는 할 수 없는 그곳에서 정화를 하니 왠지 우리를 비웃는 듯한 느낌이 들었습니다.

"참 웃겨. 너희 인간들 모습 말이야. 참 재밌어. 이곳을 마치 다 아는 것처럼 설명하고 있는 너희들의 리더… 그중 상당 부분이 잘못됐다는 거 알아? 의심도 없이 다 믿고 고개를 끄덕이는 너희들 모습 또한 참 웃겨. 너희가 밝혀냈다고 생각하는 그 이론들이 실은 몇천분의 일도 안되는 부분이라는 걸 알고 있니? 하긴 그건 중요하지 않지. 너희가 알려고 아무리 노력해도 절대 알 수 없는 것이기도 하고 말이야. 정말 중요한 것은 그게 아니야. 머리로, 연구로 이곳을 알려고 하는 게 아니라 어렵겠지만 시도해야 해. 느낌으로, 영감으로 이곳을 알려는 시도를 말이야. 그게 중요한 거야."

깨어있어야 함을 말하는 것이겠죠.

우리가 하는 여행은 정보를 듣고 이해하고 눈으로 보고 끊임없이 사진기 셔터를 누르면서 기록해두려 하고….

호주에서 아주 웅장한 나무 밑에서 사진을 찍고 있는데 그 나무가 저에게 이런 말을 했습니다.

"왜 사진을 찍어?"

"널 남기려고 찍지."

"종이는 오래가지 않아. 네 영혼까지 나를 느끼고 기억한다면 영원히 남을 거야."

마지막 날 '레드우드'라는 수목원에 산림욕을 하기 위해 갔었습니다.

정말 하늘이 보이지 않을 정도로 빽빽하고 울창한 숲이더군요.

말기 암 환자들이 그곳에서 산림욕을 하면서 병을 고친 예도 꽤 많다고 들었습니다.

숲 속을 거닐며 정화하고 말했습니다.

"내 몸을 정화해줘. 더러운 노폐물이나 나쁜 기운들을 정화해줘. 부탁해."

"네 몸은 깨끗해. 다만 전체적으로 장기의 기능들이 조금씩 다 떨어져 있어."

"그래? 그럼 그 기능들을 올려줘."

"그럴 필요 없어. 기능들이 약간씩 떨어져 있는 것은 네가 사는 데 아무 지장이 없어. 오히려 평균보다 그 기능들이 올라가 버린다면 큰 병이 생길 수도 있어. 그러니 올리려고 할 필요 없어."

"이곳에서 많은 사람들이 병을 치유했다고 들었어."

"아니. 나는 그런 적 없어. 스스로 치유하고 갔을 뿐이야."

병을 치유하려면 자신의 정보를 바꿔야 한다고 했던 머루의 말이 생각났습니다.

자신의 정보는 스스로 바꿀 수 있으니까 말입니다.

그곳에서 병을 치유할 수 있다는 강한 확신과 믿음이 그들의 정보를 변환시켰던 것은 아닐까요?

짧고 아쉬운 여행이 끝나고 매일같이 다니던 익숙한 길을 걸으며 '똑같은 길로, 똑같은 일상으로 돌아왔구나'하고 생각했습니다.

그때 머릿속에서 케오라가 그러더군요.

"절대 똑같은 길이 아니야. 절대 똑같은 일상이 아니야. 여행을 가기 전의 네 모습과 여행을 갔다 온 네 모습이 이렇게 다른걸."

매 순간 우리가 어디를 가든, 어떤 모습으로 존재하든, 우리는 진화를 하고 있습니다.

정체되어 있다고 느끼는 것은 내 현재의식의 착각일 뿐.

슬픔 속에서나 일상의 무력함 속에서나 짜증 속에서나 기쁨 속에서나 우리는 늘 진화하고 있습니다.

그러니 매 순간 똑같은 자리는 있을 수가 없죠.

신이 정해놓은 인간이 가야 하는 목적지가 있다면 **목적지로 향하는 그 길의 이름은 진화이고 초고속 교통수단은 정화와 소통**입니다.

천사들이 들려주는 이야기 17

** '돈'과 정화

살면서 한 번쯤은 이런 생각 해보셨을 겁니다.

'억울해. 누군가는 태어날 때부터 재벌이고 저렇게 다 가지고 행복한데…
나는 태어나길 가진 게 없이 태어났어. 노력해도 안 돼. 하늘도 참 불공평해.'

그러나 진리의 법칙은, 우주의 법칙은 아주 완벽하고 공평합니다.

너무나 완벽하고 공평해서 무서울 정도죠.

지금 이 삶이 시작이자 끝이라고 생각한다면 당연히 억울한 게 맞습니다.
틀림없이 많이 가진 사람, 적게 가진 사람, 나뉘어 있으니까요.

하지만 이 삶은 시작도 끝도 아닙니다. 긴 삶의 반복 속에서 한 일부분을
차지하고 있을 뿐입니다.

과거 내가 뿌린 씨앗이 이생에서 물질을 결정지었고 지금 내가 뿌리고
있는 이 씨앗들이 다음 생의 질을 결정짓고 있을 뿐입니다.

이 한 치의 오차도 없는 인과법 속에서 우리는 어느 삶에선 많이 가지기
도 하고 어느 삶에선 적게 가지기도 하면서 진화하고 깨달아갑니다. 이 삶
만을 바라보던 좁은 시각에서 진리와 우주의 시각으로 옮겨가게 되면 억울
할 게 하나도 없습니다.

내가 콩을 심어서 콩이 났으니 억울할 게 없고 어느 삶에서는 재벌도 해
봤고 어느 삶에서는 거지도 해봤기 때문에 억울할 게 없습니다.

지금 많이 가진 사람도 이번 생을 어떻게 보내느냐에 따라 다음 생에서

는 거지로 태어날 수 있고, 지금 적게 가진 자도 이번 생을 어떻게 보내느냐에 따라 다음 생에서는 재벌로 태어날 수 있으니 억울할 게 없습니다.

현실을 살고 있는 우리로서는 참으로 납득하고 받아들이기가 힘들다는 것은 잘 압니다.

보이는 바가 없으니 어떻게 믿겠습니까?

증거가 없으니 어떻게 머리로 이해하겠습니까?

말은 그럴싸하지만 여전히 억울하고 난해하며 부유하게 살고 싶은 마음뿐일 것입니다.

부유하지 않아 답답하고 억울하신 분들이 계신다면 우선 자신을 한 번 들여다보십시오.

한 번이라도 돈을 사랑하고 아끼고 돈을 위해 무언가를 해본 적이 있습니까?

우리는 그냥 씁니다. 있으니 그냥 씁니다.

없으면 화내고 원망하고, 있으면 당연한 듯이 쓰면서 때로는 이기적으로 쓰기도 하고, 내 필요에 의해서 내 편한 삶을 위해서 늘 이용만 할 뿐입니다.

정화를 하면 세상 모든 만물이 살아있다는 것을 느끼게 됩니다.

길가에 핀 꽃 한 송이, 작은 바위 하나도 살아있음을 느끼게 됩니다.

돈 또한 에너지가 있으며 기운이 있으며 살아있습니다.

세상 많은 사람들이 다 비슷비슷하게 생겼어도 각각의 성격, 기운, 에너지가 다 다르듯이 돈 또한 각각의 기운, 에너지가 다 다릅니다.

내 옆에 좋은 인연이 들어온다면 내 인생에 좋은 일이 생기고, 내 옆에 사기꾼 같은 나쁜 인연이 들어온다면 나쁜 일이 생기듯이 돈 또한 얼마나 많이 가지는 게 중요한 것이 아니라 좋은 기운을 가진 돈이 들어오는 것이 중요합니다.

똑같은 돈처럼 보이지만 어떤 돈은 들어와 오히려 인간관계를 망치거나 건강을 해치는 등 카르마의 기운을 자극할 수도 있고 또 어떤 돈은 나에게 들어와 좋은 일들을 끌고 올 수도 있다는 것입니다. 참 황당한 말이죠. 지금껏 돈을 어떻게 쓰느냐가 중요하다는 말은 많이 들어봤지만 이런 이야기는 황당하실 겁니다.

돈은 양이 중요한 것이 아니라 나에게 어떤 돈이 들어오느냐가 중요하며 나에게 들어온 이 돈을 어떻게 정화하고 존중하고 쓰느냐가 중요합니다.

저는 단돈 1,000원을 쓰더라도 마음으로 정화를 합니다.

감사하면서 이 1,000원이 어디론가 흘러가 그 사람에게 복을 가져다주기를 바라면서 씁니다.

이 기운은 돌고 돌아 언제가 되었든 좋은 에너지를 가진 돈이 되어서 나에게 다시 돌아올 것입니다. 이걸 바라고 하는 것은 아니지만 인과법이니 정확하게 어느 시점을 돌아 나에게 돌아올 것입니다.

돈에 대한 한탄을 종종 듣게 됩니다.

"누군가 나에게 줘야 할 돈을 주지 않아요."

꼭 그 누군가에게 그 돈을 받을 필요는 없습니다.

돈은 돌고 돌아서 그 어떤 모습으로든 나에게 올 것은 반드시 오니까요.

꼭 그 누군가에게 그 돈을 받아야 한다는 집착은 내 고정관념일 뿐이고 또 다른 기억의 씨앗을 만들고 있을 뿐입니다.

나가는 곳도 여러 곳이고 들어오는 곳은 여러 곳입니다. 한계를 두지 마세요. 이 문에서 나갔다고 꼭 이 문에서 들어오기를 바랄 필요는 없습니다.

"부모님의 유산을 저만 못 받아서 억울해요."

정화를 하고 계십니까?

정화를 하면서 내 삶을 청소하고 계신다면 아무 돈이나 들어오지는 않을 것입니다. 카르마의 영향으로 들어온 돈은 또 다른 불행을 가져옵니다. 내 삶이 깨끗해지고, 깨끗한 돈이 들어와야 진정으로 행복해질 수 있습니다.

"나는 항상 돈을 잘 쓰는데 상대는 늘 작게 써서 얄미워요."

물질 세계는 주는 대로 받고 원하는 대로 주는 것이 순리입니다.

물이 위에서 아래로 흐르듯이 보이지 않는 내 그릇이 크면 많이 베풀게 되고 보이지 않는 그릇이 작으면 작게 베풀게 될 것입니다.

그 사람이 적게 준다면 그게 그 사람의 그릇이고, 내가 많이 준다면 그게 나의 완벽한 그릇입니다.

당신의 부의 그릇은 어떻습니까?

"나도 힘든데 남을 어떻게 돕겠습니까."

적은 돈이든 많은 돈이든 남을 도울 수 있는 사람은 결코 가난할 수가 없습니다.

돈에게 말해보세요.

내가 충분하니 더 필요한 곳에 가서 아름답게 쓰여달라구요.

그럼 아름답게 쓰여지고 싶은 돈들이 줄줄이 나에게 올지도 모를 일입니다.

그리고 중요한 것은 많이 가진 것도 적게 가진 것도, 플러스를 가진 것도 마이너스를 가진 것도 결국 가진 것은 똑같습니다.

무엇이든 가졌다는 건 책임이 따르게 되어있습니다. 내가 가진 게 많다면 책임지고 관리할 것도 많아지니 남들보다 더 정신을 차리고 살아야 할 것입니다.

그 가졌다는 것이 무기가 되어 나를 찌를지 아니면 꽃이 되어 나를 아름답게 해줄지는 가진 자의 몫이니 말입니다.

많은 영성 분야에서 말하기를 물질, 돈은 비울수록 좋다고 합니다.

케오라는 이 '비우라'는 말에 대해 조금은 다른 관점에서 말합니다.

어쩌면 저라는 사람이 모든 것을 내려놓고 도인이 되는 게 이 삶의 목적이 아니라, 남들과 너무 동떨어지지 않게 함께 진화해나가면서 세속에서 현실에서 행복하기를 바라는 사람이라서 그런 건지도 모르겠습니다만….

'깨닫기 위해선 돈은 적을수록 좋아. 돈이 있으면 불순해져'라고 한다면 그리고 그걸 돈이 듣는다면 얼마나 섭섭해 하겠습니까?

중요한 것은 무조건 멀리하고 관심 끄고 없애는 것이 아니라 나에게 필요한 만큼을 끌어올 줄 알고 나에게 필요 없는 만큼을 미련 없이 내보낼 수 있는 조절 상태가 아닐까 합니다.

다시 말해 **균형을 이루고 있는 상태**라는 것입니다.

최적의 균형은 없는 것과 같이 고요하니까 말입니다.

결핍을 가지고 있으면서 진정으로 비웠다고 말할 수는 없습니다.

그리고 **돈도 이 세상을 이루는 하나의 소중한 소속원**입니다.

돈이 소중한 가치를 떨어뜨린다는 건 우리의 오랜 선입견입니다.

돈에 대한 부정적인 선입견이 돈을 더더욱 오염시키고 오염된 돈이 화근이 되어 더 부정적인 사건을 일으키는 악순환이 계속 되어왔던 것입니다.

내 안에 돈이 들어온다면 쉬어갈 수 있도록 정화되어 다시 본연의 깨끗한 모습을 찾을 수 있도록 정화하여 보내주십시오.

나에게 오는 돈이 있다면 양팔 벌려 반갑게 맞이하고 사랑해주면 됩니다. 그리고 때가 되어 가려는 돈이 있다면 어딘가에 가서 아름답게 쓰여질 수 있도록 미련없이 보내주면 됩니다.

그리고 돈이 필요하다고 늘 매달리면서 정작 부정적으로 바라보고 있지는 않았는지 정말 진심으로 사랑한 적은 있었는지부터 먼저 들여다보시기 바랍니다.

모든 에너지는 자기를 인정하고 사랑해주는 곳으로 가기를 원합니다.

언젠가 친한 지인에게 최면상담을 해드린 적이 있었는데 작업이 끝난 후 그분이 고맙다며 돈 봉투를 내미는 겁니다.

저는 당연히 마음으로 해드린 거라 극구 사양하고 돌아섰습니다.

그때 케오라가 저에게 말했습니다.

"그 돈이 너에게 오고 싶어 했는데 섭섭해 했을 거야."

"그래도 어떻게 돈을 받아? 작업 잘해놓고 돈 받으면 좀 그렇잖아."

"그래? 돈이 이 소중한 작업을 망친다고 생각하는군. 오히려 돈이 이 작업을 더 가치 있게 만들고 상대의 마음을 좀 더 편하게 만들 거라고는 생각하지 않는군."

그때 제가 돈을 필요로만 하고 살았을 뿐 나도 모르게 돈의 가치를 부정적으로 여기고 있었다는 것을 알게 되었습니다.

그래서 지금은 나에게 오는 돈도 감사히 받고 나가겠다는 돈도 감사히 내보냅니다.

천사들이 들려주는 이야기 18

** '정화와 소통'은 모든 법칙의 기본

세상에는 자기계발에 대한 정보를 담고 있는 수많은 책들이 존재합니다. 『시크릿』의 끌어당김, 긍정의 힘, 『호오포노포노』의 정화에 이르기까지 책에서 제시된 방법들은 너무나 매력적입니다.

금방이라도 내 인생을 바꿀 수 있을 것 같고 아니 그럴 수 있다고 모든 작가들이 힘주어 강조합니다. 그때부터 큰 기대와 희망을 품고 책에 나와 있는 대로 열심히 실천을 해봅니다. 또한 책에 나와 있는 방법대로 해서 큰 성공을 거두고 효과를 본 사람들의 체험담이 더욱 나를 자극시킵니다.

하지만 곧 만족스럽게 드러나지 않는 결과에 대해서 혹은 끊임없이 꼬리를 무는 논리적인 의심에 의해서 얼마 지나지 않아 그 정보를 알기 전보다 훨씬 더 큰 좌절감에 빠져 허덕이다 곧 그 책은 내 의식 속에서 지워져 버립니다.

이렇게 얼마나 많은 정보들을 보고 삽니까?

사실 이 책 또한 위에 있는 여러 수많은 책들의 하나일 것입니다.

열심히 정화를 하면서도 여전히 의심스럽고 잘하고 있는 것인지 수십 번 흔들리며 또 다른 더 멋진 법칙을 다룬 책들이 존재하지 않나 탐색을 멈추지 않으며 벼르고 있던 그 문제가 나아지지 않으면 '역시 이 책도 아니야'라고 하면서 던져놓으실 분들이 상당히 많으실 겁니다. 하지만 던져놓기 전에 이번 이야기를 진지하게 들어보시기 바랍니다.

사실 지금 이 **정화와 소통이라는 것이 모든 법칙의 기본**이라는 겁니다.

아니 더 정확히 말씀드린다면 그 어떤 테크닉이나 법칙이 있더라도 정화와 소통이 배경으로 깔려있어야 모든 것이 수월하게 기능을 발휘할 수 있다는 것입니다.

끊이지 않는 의심과 불확실함이 또 다른 길을 기웃거리게 한들 그것은 정보… 정보… 정보를 입력하고자 하는 내 오랜 습관의 기억일 뿐입니다.

내 잠재의식이 오랜 방황 끝에 정화를 하게끔, 서로 소통을 하게끔 이곳으로 이끌어주었음에도 또다시 과거의 기억이 내 현재의식을 조정하고 또 다른 방황을 하게끔 유도하는 것입니다.

긍정의 힘! 누구나 긍정적이고 싶지만 내 의지하고는 상관없이 부정들이 올라옵니다.

끌어당김의 법칙! 아무리 열심히 시각화를 반복해도 현실은 꿈쩍도 하지 않습니다.

수많은 책에서 생각과 감정을 다루고 있지만 그게 어디 쉽나요?

온 힘을 다해 참고 또 참다가 결국 폭발해버리고는 '역시 난 안돼'라면서 주저앉습니다.

사실 소통이 빠져있는 정화 또한 마찬가지입니다.

사랑한다고 사랑한다고 하루 종일 말하지만 어찌 된 일인지 내 현실은 나를 더 조여옵니다.

또 정화가 빠져있는 소통 또한 마찬가지입니다.

'잠재의식아! 우리 말 좀 하자. 우리 얘기 좀 하자.'

아무리 불러 봐도 머릿속에서 맴도는 건 내가 만들어낸 잡념들뿐입니다.

제가 말씀 드리고자 하는 요점을 정리하자면 그 모든 것에 가장 기본이 되는 것이 정화와 소통이라는 것입니다.

더 정확히 말씀드리자면 정화만도 아니고 소통만도 아닌 '정화와 소통'입니다.

자신의 순수한 본질의 힘을 사용하는 테크닉이 존재들 하지만 본질과 내 현재의식 사이를 가로막고 있는 커다란 감정과 기억이란 벽(심층의식)을 정화하지 못한다면 내면의 큰 보석을 두고도 꺼내 쓸 수가 없는 노릇입니다. 아니 보석이라고 외치면서 꺼내놓아도 알고 보면 심층의식에서 나온 큐빅일 수 있습니다.

또 정화만 하라고 한다면 그 어마어마한 양의 수많은 기억들을 고작 우리 현재의식이 삽 하나 들고 꺼내놓는 것과 같아서 해도, 해도 끝나지 않는 노동을 하는 것처럼 지쳐갈 수밖에 없습니다.

인생을 변화시키기 위한 중요한 키는 '현재의식의 통찰'과 '심층의식의 기억변환'입니다.

내 현재의식이 정화를 하면서 인생을 바라보는 통찰력을 가지게 되고, 그동안 내 삶을 만들어내고 있던 수많은 심층의식 속의 기억들과 감정들을, 소통을 통해 활성화된 나의 잠재의식이 관리하게 되면 비로소 가장 빠른 변화가 일어나게 됩니다.

우리의 인생이 힘겨워진 것은 감정과 생각이라는 덩어리에 휘둘려 제대로 삶과 나를 바라보지 못했던 데서 온 착각들과 실제로 내 삶이 관리자 없이 멋대로 돌려지고 있던 기억의 프로그램 속에 있었기 때문입니다.

정화와 소통이 꾸준히 이루어지게 되면 이 상태에선 무엇을 하든 가장 효과적일 수밖에 없습니다.

이 두 가지가 깔려있지 않다면 그 어떤 수행, 기술, 훌륭한 가르침도 삶 속에서 온전히 내 것으로 소화해내기가 힘들어집니다.

마치 초등학생 아이가 미적분을 배우는 것처럼 말입니다.

우선 정화와 소통이라는 연산의 기본을 갖추어야 그 다음의 멋진 기술들을 터득할 수 있게 됩니다.

아니 정화와 소통을 하다 보면 가장 빠르게 내 기억을 해결할 수 있는 나에게 딱 맞는 테크닉을 끌어다주는 경우도 생겨납니다.

저 같은 경우 최면전문가의 길을 가게 되었던 것도 정화와 소통을 하게 되면서 얻게 된 선물이었습니다.

저에게 최면은 누군가의 기억을 들여다보고 직접적으로 정화를 할 수 있는 아주 획기적인 작업이었습니다. 또한 반복적인 세션을 통해 내면 깊은 곳에 존재하는 순수한 잠재의식에 좀 더 다가갈 수도 있었습니다.

최면은 어디까지나 저의 경우이고 제가 모르는 수많은 분야의 멋진 테크닉이 많을 것입니다. 정화와 소통을 하면서 여러분의 인생이 이끄는 곳으로 따라가다 보면 자신에게 맞는 선물이 놓여 있을 것입니다.

소통으로 활성화된 잠재의식은 늘 우리를 위해 선물을 준비합니다.

하지만 현재의식이 깨어나지 못하면 선물이 눈앞에 있어도 알아보지 못합니다.

그래서 정화와 소통은 함께 가야 합니다.

천사들이 들려주는 이야기 19

** 타인은 나를 비추는 거울

수많은 생명체들 중에 거울에 비치는 자기 자신을 인식하는 생명체는 극히 드물다고 합니다.

단연 우리 인간들은 거울 속에 보이는 자신의 모습을 너무나 당연하게 인식합니다. 하루에 한 번 이상은 거울을 통해 자신의 모습을 보게 됩니다. 지금 내 모습, 내 머리 모양, 내 코 모양, 내 체격, 등을 모르고 사는 사람은 아무도 없을 것입니다.

정말 우리는 이렇게 보이는 모습처럼 내 자신의 내면 또한 잘 알고 있을까요?

우리의 모습을 선명하게 비추는 거울처럼 이 현실에 내면 또한 선명하게 비춰주는 마법 같은 거울이 있다면 얼마나 좋을까요?

거울을 통해 지금 내 자신의 모습을 알아야 헝클어진 머리도 바로 잡고 얼굴에 묻은 때도 지우고 할 수 있는데 말입니다.

정화와 소통의 아주 큰 매력 중에 하나는 내 자신을 보게끔 한다는 것입니다.

아니 어쩌면 '정화와 소통을 하고 있다'라는 이 행위의 가장 큰 의미는 '나는 내 자신을 보고 있다. 나는 내 자신을 알아가고 있다' 와 같을지도 모릅니다.

정화를 한다고 해서 바로 내 자신을 알 수는 없지만 '이제 내 자신을 보려하기, 알아가기 시작한다'는 것은 분명합니다.

이것은 인생에 있어 아주 중요한 사건입니다.

잠에서 깨어나기 시작함을 뜻하며, 처음으로 내 자신을 인식하기 시작함을 뜻하며, 동시에 더 나아가 스스로 내 모습을 가꾸기 시작함을 뜻하며, 인생의 진정한 주도권을 잡기 시작함을 뜻합니다.

그러니 정화와 소통을 시작한다는 이 행위가 얼마나 내 인생에 중요한 획을 긋는 것입니까!

때로는 나 자신을 안다는 것이 잔인할 때도 있습니다.

다 남의 탓이고 남이 저지른 일이라 떠넘기고 살아왔는데 내 자신을 들여다보니 다 내 안에 있던 것이고 다 내 모습이니 말입니다.

거울 속에 일그러진 저 얼굴이, 거울 속에 보이는 저 더럽게 때 묻은 얼굴이, 남의 모습인 줄로만 알고 살아오다가 내 모습이라는 것을 알고 나면 충격을 받기도 하고 인정하기도 싫고 마음이 복잡해지기도 합니다.

정화를 하면 할수록 내 자신의 모습은 선명해집니다.
무심코 하던 행동들, 습관들, 말투들 이 모든 게 선명해집니다.
하루 종일 잠겨있던 생각들, 이유 없이 들락날락하던 감정들, 이 모든 것이 선명해집니다.
또한 그것들은 종종 타인이라는 거울을 통해 나에게 비춰지기도 합니다.

지금 유독 누군가의 단점이 자꾸만 거슬리십니까?
가만히 내 자신을 들여다보십시오.
나를 불편하게 하는 그 사람의 단점이 실은 내 안에 있음을 알게 될 것입니다.
그냥 아닌 척 잘 숨겨왔을 뿐 사실은 내 모습입니다.
타인은 나를 비추는 거울입니다.

우리는 남을 정화하지 않습니다.
가슴 아픈 사건을 대하면서 정화를 할 때 내 내면의 아픔을 정화하는 것입니다.
아름다운 자연을 보며 정화할 때 내 내면의 순수함을 보는 것입니다.
나를 힘들게 하는 누군가를 정화할 때 실은 내 자신을 억압하고 있는 내 안의 어떤 기억을 정화하는 것입니다.
저는 내 자신을 바로 본다는 것에 아주 큰 의미를 부여하고 있습니다.
왜냐하면 길을 알고 가는 것과 길을 모르고 가는 것은 아주 큰 차이가 있기 때문입니다.
내가 주도해서 걸어가는 것과 누군가에 의존해서 걸어가는 것은 아주 큰 차이가 있기 때문입니다.

정화는 말 그대로 우리의 내면을 청소하는 것입니다.

눈을 가리고 청소를 하고 있다면 또는 불이 꺼진 깜깜한 방을 더듬어가며 청소하고 있다면 얼마나 효율성이 떨어지고 답답하겠습니까?

내 자신과 소통하며 나를 알아가는 것은 눈을 뜨고 불을 켜고 방안을 보면서 청소하는 것과 같습니다.

그리고 한 가지 더! 내 현재의식이 빗자루를 들고 있다면 우리의 잠재의식은 고성능의 최신형 청소기를 가지고 있습니다.

그러니 반복해도 지나칠 게 없을 것이 정화와 소통의 중요성입니다.

언젠가 케오라에게 현재의 내 모습, 내 상태를 알고 싶다고 말한 적이 있었습니다.

얼마나 정화되었는지 얼마나 성숙했는지 알고 싶어서였죠.

그러자 케오라가 이렇게 말하더군요.

"네 앞에 일어나고 있는 지금 이 현실이 네 모습이야.

네 앞에 나타나 있는 지금 이 인연들의 모습이 네 모습이야.

네 눈에 보이는 모든 만물의 모습이 네 모습이야."

내 주위 인연들을 한 번 바라보세요.

생각만 해도 짜증이 나는 단점들을 가득 가지고 있는 사람들이 옆에 있나요?

아니면 함께 하는 것만으로도 즐겁고 따뜻한 사람들이 옆에 있나요?

바로 그 사람들의 모습이 지금 당신의 모습입니다.

천사들이 들려주는 이야기 20

** 생각과 감정 다루기

생각과 감정!

이것은 가장 대표적인 심층의식의 모습입니다.

하루 종일 생각이 돌아가고 그 생각에 따라 감정이 들락날락하죠.

이렇게 생각과 감정이 한 세트처럼 서로 조화를 이루고 그것에 의존해서 판단하고 말하고 행동합니다.

이것은 아주 전형적으로 심층의식과 손을 잡고 살아가는 현재의식의 모습입니다.

이제 우리는 정화를 하고 있습니다.

이제 우리는 깨어나기 시작하고 있습니다.

그러면 어떻게 우리의 삶이 바뀌어가고 있는 것일까요?

심층의식으로부터 분리되어져서 본연의 현재의식의 모습을 찾기 시작합니다.

하나로 붙어있던 심층의식을 떼어놓고 바라보기 시작합니다.

그리고 그 속의 기억들을 바라보기 시작합니다.

다시 말하자면 내 생각을 생각하기 시작합니다.

하루 종일 지치지도 않고 무의식적으로 돌아가는 생각들을 관찰합니다.

아마 '이 많은, 이 쓸데없는 수많은 생각들이 도대체 어디서 올라오는 거지?' 싶으실 겁니다.

그렇게 일단 생각을 분리시켜 놓으면 기억의 힘은 크게 줄어들게 됩니다.

그리고 이번에는 감정을 바라봅니다.

사실 생각을 관찰하고 조절하는 것은 '감정'을 바라보는 것보다는 훨씬 수월합니다.

'이런 생각을 하고 있었군'하고 깨어나는 순간, 바로 그 생각을 사라지게 하고 정화를 하는 것은 훈련을 통해 충분히 할 수 있습니다.

하지만 감정은 생각보다 더 까다롭고 예민하게 굴면서 나에게 협조를 하지 않을 것입니다. 내면 깊숙한 곳에서 불쑥불쑥 감정이 치솟아 올라 나를 온통 에워싸게 되면 여간해선 정신을 차리기 힘듭니다. 갑자기 미친 듯이 불안해지고, 때론 너무나 슬퍼지고, 내 앞에 일어난 그 일들이 너무나 나에게 크고 불행한 일처럼 느껴지고, 그 사람이 그 일이 너무나 미워서 미칠 것만 같고, 감정이라는 것이 한 번 작정하고 일어나기 시작하면 내 삶이 송두리째 흔들리게 됩니다.

불행한 삶으로, 슬픈 삶으로, 힘든 삶으로… 이것은 우울증 환자들만의 이야기가 아닙니다.

정화를 하다 보면 깨어있기 위해서 생각을 열심히 관찰하다가 어느 순간엔 감정의 늪에 빠져버리는 경우가 종종 생깁니다.

실제로 저에게 도움을 요청하시는 분들을 보면 현실적인 문제의 크기에 비해 실은 더 오버된 감정에 휩쓸려 정신을 놓고 힘들어하는 경우가 아주 많았습니다.

이 말은 그 문제가 나를 힘들게 하는 것이 아니라 그 감정이 나를 힘들게 하고 있다는 것입니다. 놔두면 지나가 버릴 텐데 말입니다. 그 순간은 감정이란 늪에 빠져 죽을 것 같이 괴롭고 힘들어들 하죠.

정화를 하게 되면 모든 게 선명해지기 마련입니다.

감정들도 다 깨어나 나를 뒤흔들기도 합니다. 그럴 때 저는 물론 이 말씀을 우선으로 드립니다.

"슬프면 슬퍼하면서 정화하세요. 불행하면 불행 속에서 정화하세요."

사실 우리가 살면서 '힘들다, 괴롭다, 슬프다'라고 말하는 것은 내가 아닙니다. 내 감정이 말하는 것입니다. 심층의식이 말하는 것입니다.

'힘들어. 힘들어. 힘들어. 괴로워. 괴로워. 괴로워…'

이렇게 내 감정들이 내 귓가에서 끊임없이 세뇌시키는 것입니다.

우리의 본질은 우리가 생각하는 것보다 훨씬 강하며 훨씬 지혜로운 존재입니다. 다만 우리의 불완전한 현재의식이 심층의식 속에 휩쓸려 요동치는 것입니다.

감정이 일어나기 시작할 때 감정의 위에 있어야 합니다.

특히나 만성적으로 주기적으로 나에게 일어나는 감정이 있다면 더더욱 정신을 차리고 감정 위에서 감정을 주시해야 합니다.

오는 것부터 절정을 이루면서 한바탕 난리를 치는 것 그리고 맥없이 조용히 사라지는 것까지…. 감정에 한 번 휩싸여 그 속으로 빠지기 시작하면 내 인생은 심각해집니다.

작은 불씨가 생기고 감정이 슬슬 오기 시작할 때 팔짱 끼고 이렇게 말해보세요.

'오는구나. 또 네가 오는구나. 감정아! 내 안에서 정화 받고 싶은 거라면 실컷 놀다가렴. 내가 너보다 더 강하니 너를 위해 정화해줄게.'

얼마 전 읽었던 『왓칭』이란 책에서 감정을 5살 아이 다루듯이 하더군요.

이 부분에서 '와! 참 괜찮은 방법인데…'라고 생각했습니다.

그 책에서 나왔던 것처럼 실제로 우리의 감정은 전후 사정 냉정하게 따지지 않고 마치 5살 아이처럼 오버하고 무조건 떼를 쓸 때가 많습니다.

뿌리 깊은 기억에서 비롯된 슬픈 감정이 늘 내 안에 대기하고 있다가 조금만 건드려진다 싶으면 그 기회를 놓칠세라 잽싸게 올라와서 자기를 알아달라고 떼를 씁니다.

또 어릴 적 기억에서 비롯된 분노의 감정이 늘 나가기를 스탠바이 하고 있다가 조금이라도 화낼 건수가 생긴다 싶으면 잽싸게 나와서 떼를 쓰기도 합니다.

이럴 때 위에서 했던 것처럼 말해주십시오.

『왓칭』이란 책에 나와 있는 것처럼 5살 아이 보듯 내 감정을 보는 것도 좋은 방법입니다.

'이리와. 슬펐구나. 에고 안쓰러워라. 이리와 내가 안아줄게'하고 말입니다.

나를 현혹하는 감정이 내 인생을 흔들지만 않는다면 우리의 인생은 훨씬 쉬워지고 평화로워지게 됩니다.

또한 생각보다 다루기 힘든 감정을 위에서 바라볼 수 있다면 우리는 훨씬 더 강하게 진화하게 될 것입니다.

좋은 감정은 인생을 더 아름답게 만들지 않냐구요?

인생은 흔들림 없이 고요할 때 가장 평화롭고 아름다운 법입니다.

언젠가 케오라가 이런 말을 한 적이 있었습니다.

별일 아닌 일이었는데 제가 지나치게 감정적으로 고민에 빠져있을 때였습니다.

"인생이 힘들다고 느끼는 건 현재의식의 착각일 뿐이야. 난 전혀 힘들지 않아."

어쩌면 지금 여러분을 힘들게 하는 그 일은, 그 문제는, 여러분이 느끼는 것보다 훨씬 여러분들의 인생에 중요하지 않을지도 모릅니다.

천사들이 들려주는 이야기 21

** 세 번째 여행 이야기, 스위스

스위스에 가서 경험했던 재미있는 이야기입니다.

벌써 몇 년이나 지났지만 스위스의 그 강렬한 에너지와 느낌을 아직도 잊을 수가 없습니다.

온몸으로 스며들던 그 신선한 바람과 공기를 말입니다.

그냥 그 속에 존재하는 것만으로도 내 몸의 세포들이 좋아서 춤을 추는 듯했던 그 느낌.

인터라켄! 본격적인 알프스의 품속 그린델발트로 들어가기 전에 머물렀던 곳입니다.

아담하고 작은 마을인 이곳은 멀리 융프라우 산이 보여서 더욱 유명하기도 합니다.

인터라켄의 호텔에 도착하니 한국인 신혼부부들이 단체로 와 있었습니다. 체크인을 하는데 직원이 저에게 "럭키(lucky)"라고 합니다. 갑자기 단체를 받게 되어서 가장 저렴한 방을 선택했던 저에게 전망이 가장 좋은 방으로 무료 업그레이드해주게 되었다면서 말입니다. 그때까지도 '그냥 그렇구나' 하고 말았습니다.

방에서 짐을 풀고 나와 산책을 하고 있는데 한 한국인 부부가 사진 찍을 곳을 열심히 찾아서 포즈를 결정한 후 저에게 찍어달라고 부탁을 하러 왔습니다.

"저 멀리 융프라우 보이시죠. 그곳 좀 꼭 나오게 찍어주세요."

"아~ 저곳이 융프라우에요?"

"네. 나중에 저희도 찍어드릴게요."

그렇게 그들이 가리킨 산을 바라보니 아무런 느낌이 들지 않는 것입니다. 오히려 다른 방향에 있는 먼 산이 저를 부르는 듯했습니다. 그 느낌은 마치 "내가 융프라우야. 내가 바로 융프라우라고"하는 느낌 같았죠.

"저기요. 저 산이 정말 융프라우가 맞나요?"

"그럼요. 제가 한국에서 열심히 검색해서 다 찾아보고 온걸요."

정화를 하고 다시 산을 바라봤습니다. 이번에도 역시나 그들이 말하는 산이 아닌 다른 방향의 산이 저를 불렀습니다.

"나라고. 나!"

순간 저는 제 눈을 의심했습니다.

자기가 융프라우라고 하는 산 쪽에서 마치 거대한 물줄기가 쏟아지듯이 투명한 에너지 같은 것이 흘러내리는 것이 아니겠습니까?

저는 사실 그렇게 시각적인 사람이 아닙니다. 그런데 다시 보고 다시 봐도 산에서 쏟아지는 에너지가 시각적으로 느껴지는 겁니다. 지금 생각해보니 융프라우가 그만큼 강한 에너지를 지니고 있었던 것 같습니다.

사실 그 산이 융프라우면 어떻고 아니면 어떻습니까?

집 뒷산이라도 나와 교감이 이루어지면 그것이 나에게 최고의 산 아니겠습니까? 하지만 저의 호기심 많은 현재의식은 알고 싶어 안달이 나기 시작했습니다.

'확인하고 싶어. 확인하고 싶어.'

그래서 짧은 영어 실력이지만 인터라켄에 살고 있는 현지 사람을 붙잡고 물어봤습니다.

그러자… 와우! 정말 제가 본 산이 융프라우가 맞다는 겁니다.

그 후로도 너무 신기해서 현지인 두 사람에게 더 물어 확인했었습니다.

더욱 놀랐던 것은 호텔에 들어가고 나서였습니다.

제방에 들어가 커튼을 싹 걷는 순간, 쿵쿵! 심장이 요동치기 시작하는 것이었습니다.

바로 제 눈앞에 제 방 테라스 정면으로 융프라우가 떡 하니 보이는 겁니다. 마치 산이 저를 바라보고 있는 듯 말입니다.

그렇게 저는 멀지만 강렬한 융프라우의 에너지 속에서 지낼 수 있었습니다.

세상에는 유명한 곳이 많습니다. 사람들이 늘 끊이지 않는 자연 관광지들 말입니다.

사람들이 그곳을 유명하게 만든 게 아니라 어쩌면 자연에서 내뿜는 강렬한 에너지를 본능적으로 사람들이 쫓아오는 건 아닐까 하는 생각이 들었습니다. 향기가 짙은 꽃에 벌이 모여들 듯이 말입니다.

정화를 하고 싶어하는 사람들의 내면이 순수한 에너지에 이끌려 자연을 찾는 것이 아닐까요?

인터라켄은 이틀밖에 머물지 못했지만 그곳에서 느꼈던 느낌은 아주 강한 것이었습니다.

재밌는 에피소드도 있었지만 아주 소박하면서도 따뜻한 겨울 공기는 정말 인상적이었죠.

제가 갔을 때 스위스는 폭설 경보가 내릴 정도로 추운 날씨였는데 정말 신기한 것은 그 추운 공기가 오히려 따뜻한 느낌으로 스며드는 것입니다. 참 아이러니하게도 스위스의 찬 공기, 찬 바람은 뼈와 근육을 얼어붙게 하는 게 아니라 분명 차가운데 정작 몸 안에서는 따뜻하게 변하는 것입니다.

시린 찬바람이 아니라 몸을 씻겨주는 신선한 물 같았습니다.

인터라켄 시내를 돌면서 작은 옷가게를 하나 발견했습니다.

가게 앞에 진열된 청색 블라우스 하나가 70% 세일… 우리나라 돈으로

3만 원. 하나를 기념으로 구입했습니다.

저는 여행 중 소박한 쇼핑을 즐깁니다. 브랜드는 사실 잘 몰라서 관심이 없지만…. 시장이나 골목 구석진 곳의 작은 상점에서 산 물건 하나하나는 우리나라에 돌아와서도 여행이 끝나지 않게 만들어줍니다.

인터라켄에서 샀던 블라우스를 입을 때마다 저는 그곳에서 느꼈던 신선한 에너지를 다시 그대로 받고 있습니다.

과거는 없어진 게 아닙니다. 늘 공존하고 있습니다. 에너지는 사라지지 않습니다.

그저 우리 의식의 초점만이 흘러갈 뿐이죠.

그렇게 저의 블라우스에는 영원히 그곳의 신선한 에너지가 머물러 있을지도 모릅니다. 또한 그렇게 별 볼 일 없는 물건 하나가 세상에서 가장 가치 있는 물건으로 다시 태어나게 되는 것입니다.

인터라켄을 뒤로하고 드디어 알프스의 품속으로 들어갔습니다.

제가 머물기로 선택한 곳은 그린델발트! 그 유명한 아이거와 융프라우의 길목에 있는 산골 마을입니다.

특히 제가 묵었던 민박집은 테라스 문을 열고 나가면 바로 눈앞에 웅장한 아이거 산의 정상이 보이는 곳이었습니다.

의도하지는 않았는데 인터라켄에서도 그린델발트에서도 정말 행운의 연속이었죠.

아니 행운이 아니라 케오라가 배려해준 덕분일 것입니다.

민박집에 도착해서 짐을 풀고 무심코 테라스에 나가 바라본 아이거와 그 아래로 펼쳐진 눈 덮인 산골 마을의 풍경은….

순간 정신이 멍해졌습니다.

'이건 뭐지. 이 익숙한 풍경은….'

어린 시절의 저는 1년 내내 크리스마스를 기다리는 아이였습니다. 종교가 있었던 것도 아닌데 단지 크리스마스가 다가오면서 카드를 주고받는 게 너무나 좋았던 것입니다.

카드를 만들 때나, 문구점에서 살 때나, 제가 고르는 풍경 테마는 늘 같은 것이었습니다.

높은 산 아래 산골 마을. 오두막마다 눈이 덮여 있고 그 속에 작은 교회 하나가 서 있으며 해가 지기 시작할 때 하나둘 불빛이 아른거리기 시작하는 모습.

저는 그 풍경을 유난히 좋아했습니다. 보고 또 봐도 지겹지 않은 너무나 부드럽고 아름다운 그 풍경에 푹 빠져 살았던 것 같습니다.

그리고 그런 풍경을 자주 볼 수 있는 크리스마스카드가 좋았던 겁니다.

그.런.데. 그렇게 그림 속에서만 보던 그 아름다운 풍경이 바로 제 눈앞에 펼쳐져 있는 겁니다. 작은 교회 하나까지도. 마치 이곳을 배경으로 그렸나 하는 생각이 들 정도로 똑같은 모습으로 말입니다.

그렇게 멍하게 정신 놓고 바라보고 있는데 어둑어둑 어둠까지 내리기 시작하더군요.

그리고 커지는 작은 불빛들 하나하나… 순간 눈물이 왈칵 나왔습니다. 너무 아름다워서. 정말 너무 아름다워서…. 그 아름다움이 가슴을 가득 채우고도 모자라 눈물로 나왔습니다.

'케오라! 고마워. 네가 주는 선물인 거 알아. 정말 고마워.'

테라스 벤치에 앉아 아이거 산을 바라보며 정화했습니다.

아이거는 생긴 모습만큼이나 강하고 화끈한(?) 카리스마가 느껴졌습니다.

"이곳까지 와줘서 고마워. 선물로 정화를 해주지. 네가 미처 손대지 못한 깊은 곳까지 오늘 밤 정화해줄게."

이때까지만 해도 그것이 무엇을 의미하는지도 모른 채 마냥 좋아서 날 뛰었습니다. 이렇게 아름다운 풍경 속에 있는 것만으로도 고마운데 정화까지…. 와우!

그날 밤, 저는 제 인생 가장 최악의 악몽에 밤새도록 시달려야 했습니다.

여러 가지 꿈들이 조각조각 지나가는데 최고의 공포감, 최고의 상실감, 최고의 섬뜩함, 최고의 암울함, 최고의 막막함, 각각의 꿈들은 이런 테마들을 하나씩 맡아서 밤새 현실인양 생생하게 저를 괴롭히더군요. 참 고맙게도(?) 마지막 하이라이트는 강렬한 가위눌림으로 마무리해주었습니다.

지금 와서 돌이켜보니 그때의 그 체험은 저의 의식 너머 깊은 곳에 존재해 왔던 비밀스런 낡은 창고를 열어 다 끄집어내서 청소를 했던 것 같습니다.

아무튼 그렇게 악몽에서 가까스로 깨어나 새벽이 밝아올 무렵 테라스에 나가 다시 아이거를 바라봤습니다. 원망스런 표정으로 말이죠.

"고생 많이 한 것 같군. 그만큼 홀가분해질 거야. 그리고 걱정 마. 오늘부터 최고로 편안한 잠을 자게 될 거니까."

그곳에 머무는 동안 전 하루 중 아주 신비로운 저만의 정화시간을 가졌습니다.

새벽 해가 뜰 무렵 따뜻한 커피 한 잔 타서 테라스로 나가 엔야의 '캐리비안 블루(Caribbean Blue)'를 이어폰으로 듣는 것이었습니다.

스위스의 신선한 새벽 바람, 제가 그토록 그리워하던 가장 아름다운 풍경, 아이거의 웅장한 에너지, 온몸을 녹이는 따뜻한 커피 한 모금, 케오라가 좋아하던 음악….

그 순간 모든 건 멈춘 듯했습니다. 아무것도 존재하지 않는 듯했습니다.

정보도 기억도 시간도 저에게 존재하던 그 수많은 것들이 다 사라지고 오직 그 순간! 그 순간만 존재했습니다.

살아가는 데 필요한 수많은 것들이 그 순간엔 전혀 필요치 않았습니다.

온전히 그곳엔 저와 케오라와 정화의 에너지만 존재할 뿐이었죠.

그렇게 꿈같은 날들이 지나가고 돌아오던 날, 아이거가 저에게 말해준 게 있었습니다. 한국으로 돌아갔을 때 저에게 찾아올 변화들에 관한 것이었습니다.

이후 무심코 잊어버리고 지내다 1년의 시간이 지난 후에야 깨달았죠. 그 변화들이 다 이루어졌다는 걸 말입니다.

정화를 하고 소통을 하는 삶은 경이롭습니다.

기억으로 보지 않는 세상은 말로 표현할 수 없을 정도로 아름답습니다.

천사들이 들려주는 이야기 22

** 몸과 소통하기

제 인생의 모든 것을 알고 있는 저의 잠재의식인 케오라는 당연히 저의 몸 상태 또한 아주 잘 알고 있습니다.

사실 케오라가 저의 이런 삶을 선택하고 설계했으니 저의 창조주나 다름없습니다.

어딘가 통증이 일어나면 저는 케오라에게 부탁하곤 합니다.

"케오라! 여기가 아프네. 정화 부탁해."

그러면 그 통증이 거짓말같이 사라지기도 하고 반대로 심해지기도 합니다.

왔다가 사라질 통증은 금방 없어지고, 저의 내면에서 정화 받기 위해 나온 어떤 기억의 일부라면 정화되는 과정에서 좀 더 선명하고 격렬해지기도 하죠. 하지만 이것 또한 서서히 누그러집니다.

케오라는 말합니다.

사람들의 몸은 우리가 생각하는 것보다 훨씬 더 섬세하고 각각 다 다르다고 말입니다.

나무에 달린 수많은 잎 하나하나가 자세히 보면 똑같은 것이 없듯이 그리고 지구 상의 이 많은 인구들 중에 똑같이 생긴 사람이 없듯이 사람의 체질, 몸 또한 개개인마다 모두 다르다고 말합니다. 어떤 사람에게 최고의 약이 나에게는 독이 될 수도 있다는 것입니다.

또한 개인의 체질이라 하더라도 시기적으로 강약의 흐름을 타기 때문에 '나는 이런 체질이야. 나한테 무조건 이건 좋아. 무조건 이건 나빠'하는 건 의미가 없다고 말해주었습니다.

그리고 외부적인 관점이 아니라 내부적인 관점에서 볼 때, 어떤 외부의 자극에 의해 의미 없이 일어나는 통증은 금방 사라질 수 있지만 내면 깊은 곳에서 어떤 기억에 얽힌 부분이 몸으로 나타날 때에는 좀 더 끈기 있는 정화가 필요하다고 합니다.

예전 비슷한 시기에 친척 두 분이 입원을 해서 치료를 받게 된 적이 있었습니다.

한 분은 허리 협착증이 아주 심해서 마비로 걸을 수조차 없는 상태인 데다 평소 천식과 고혈압이 있어 몸 상태가 아주 안 좋으셨죠.

또 한 분은 결핵으로 입원치료를 받는 중이었는데 평소 비교적 건강한 상태였고 정신력 또한 아주 강한 분이었습니다.

두 분을 정화해줄 것을 케오라에게 부탁했습니다.

"허리 수술하시는 분은 예후가 좋을 거야. 사연이 깊지 않아. 하지만 결핵 치료를 받는 분은 뒤끝이 좋지 않겠어. 뿌리가 깊어. 많은 정성이 필요해."

좀 의외의 대답이었습니다.

그 결과는 케오라가 말한 대로였습니다.

애초에 걱정을 많이 했던 허리 수술을 하신 분은 의사들과 보호자가 놀랄 정도로 연세가 많음에도 불구하고 빠른 회복을 보였습니다. 고용했던 간병인을 하루도 쓰지 않고 그대로 취소할 정도였죠.

하지만 반대로 결핵 치료를 받던 분은 갑자기 간 수치가 올라가고 백혈구 수치도 좋지 않는 등 여러 증세가 겹쳐서 예상보다 많은 시간을 병원에서 보내야만 했습니다.

얼마 전의 일입니다.

제 아는 분의 어머니가 손가락이 부러져서 간단한 수술을 받으셨습니다.

간단한 수술이라 별 걱정 없이 퇴원을 하셨는데 갑자기 열이 40도까지 오르고 온몸에 힘이 없어 급히 응급실에 갔다고 연락이 왔습니다.

병원에선 온갖 추측을 다 내어놓으면서 이런저런 검사를 하더랍니다.

답답한 마음에 저에게 정화를 부탁하더군요.

케오라에게 왜 그런 것인지를 물어보니 이런 말을 해주었습니다.

"검사한다고 밝혀지진 않을 거야. 수술 중에 약간의 감염이 있었어. 세상엔 밝혀지지 않은 수많은 바이러스나 세균이 많아. 아무리 수술실이 완벽하다고 하지만 100%일 수는 없어. 미세한 감염은 있기 마련이지. 대부분 건강하고 젊은 사람들은 스스로 이기고 넘어갈 수 있어. 하지만 몸이 약하거나 나이가 많다면 아주 작은 것도 자극을 받을 수 있어. 다른 사람이었다면 스스로 이기고 넘어갔을 감염이 지금 그분은 몸의 면역이 몹시 나쁜 상황에서 갑자기 수술을 했기 때문에 눈에 드러나는 증상을 보이면서 싸우고 있는 거야. 영양제 등으로 면역이 올라가게 되면 저절로 괜찮아져. 사람들은 수술이 있으면 수술 후의 회복에 신경을 쓰지. 좋은 음식을 먹고 보약을 먹고…. 하지만 수술받기 전의 몸 상태가 회복의 모든 것을 결정해. 갑작스런 사고가 아니라면 좋은 음식도 좋은 보약도 수술 전에 먹는 게 훨씬 효과적이야."

어찌 되었든 그분의 어머니는 검사 결과 뚜렷한 점은 발견하지 못한 채 영양제 몇 대 맞고 좋아져서 퇴원하셨다고 합니다.

2년 전쯤이었던 것 같습니다.

밤에 자는데 방광에 약간의 통증이 느껴지는 겁니다. 잠을 못 잘 정도로 말입니다. 그 증세는 그 다음 날도 계속되었습니다.

'방광염인가 보다. 병원에 가야겠네'하고 생각하는데 케오라가 그럴 필요 없다고 말하는 겁니다.

"방광염 아니야. 지금 몸의 상태가 약간 면역이 떨어진 상태야. 이럴 때 예민해진 방광의 벽이 특정 자극적인 음식에 있어서 과민반응을 보이는 거야. 한 달 동안 카페인과 탄산을 일체 먹지 마."

정말 신기하게도 케오라의 말대로 카페인과 탄산을 먹지 않으니 거짓말처럼 그런 증세가 사라졌고 한 달 정도 지나자 다시 몸 상태가 회복되어서 그 후론 마음껏 먹어도 아무런 증상이 없었습니다.

또 한 번은 눈이 침침하고 따가운 증세가 2년 가까이 지속되고 있었습니다.

멀쩡하다가도 한 번 아프면 눈을 뜨고 있기가 힘들 정도였죠.

'강한 직사광선 때문인가. 10년 전에 라식수술을 받은 게 잘못되었나. 안구건조증인가.'

병원에선 안구건조증이 조금 있다면서 눈물 약을 처방해주었지만 어찌된 일인지 눈물 약을 넣으면 더 쓰리고 아팠습니다.

그러던 어느 날, 갑자기 머릿속에서 케오라가 눈에 대해 이야기하는 겁니다.

"눈이 아픈 건 선크림 때문이야. 선크림을 잘 안바르는 겨울엔 괜찮다가 유독 한여름에 심한 이유도 그래서지. 바를 때 좀 더 주의해서 바르도록 해. 눈에 절대 들어가지 않도록 말이야. 그리고 선크림 묻은 손으로 눈을 만지지 마. 눈물 약을 넣었을 때 더 아팠던 건 눈 안에 있던 선크림의 성분이 눈물 약에 섞여서 퍼졌기 때문이야."

"아~ 그렇구나. 그런데 그 얘길 왜 이제 해주니? 난 벌써 몇 년을 고생했는데…."

"아니. 난 늘 너에게 얘기했어. 네 의식이 내 말을 들으려고 하지 않았지. 늘 다른 곳을 보면서 고민한다고 바쁘더군."

그 후로 역시나 눈은 전혀 아프지 않았습니다.

한 번은 제가 몇 달 동안 몸과 마음이 지치고 무거운 적이 있었습니다.

무기력하고 모든 게 귀찮고 특별한 이유도 없이 우울한 겁니다.

혹시나 싶어 인터넷에서 우울증 테스트를 해보니 우울증 진단이 나오더군요.

'세상에! 내가 우울증이라니….'

놀란 마음으로 케오라에게 정화를 부탁했습니다.

그런데 케오라는 의외의 말을 했습니다.

"우울증이 아니야. 비타민 부족이야. 경미한 심리적인 문제를 가지고 있는 사람들 중엔 상당 부분이 몸의 균형이 깨져서 그런 경우가 많아. 그래서 몸의 컨디션만 올려주면 심리적인 부분은 저절로 해결되는 경우가 많지. 몸이 건강할 땐 비타민이 몸에 별로 중요하지 않아. 하지만 면역이 떨어지거나 몸의 균형이 깨어지면 조금의 비타민 부족도 큰 증상으로 나타날 수 있어. 비타민 중에서도 특히 D를 챙겨 먹어."

참 신기하게도 이후 비타민을 챙겨 먹은 후로는 그런 증세들이 말끔히 사라졌습니다. 그리고 지금은 몸 상태가 좋아서 비타민을 먹지 않아도 그 상태가 유지되고 있습니다.

이외에도 수많은 일화들이 있지만, 일일이 다 소개하자면 정말 끝도 없을 것 같습니다.

여러분 중엔 틀림없이 이렇게 생각하시는 분이 계실 것입니다.

'케오라가 이전 생에 의사라도 했었나? 나도 핑크돌고래님한테 고쳐달라고 해볼까?'

케오라가 특별해서 이런 정보들을 알려주는 것은 아닙니다.

자기 자신에 대한 가장 완벽한 정보는 모두 각자의 내면에 있습니다.

아무리 훌륭한 의사나 전문가라 하더라도 내 몸에 대해서 완벽하게 파악하는 것은 불가능합니다. 그래서 똑같은 처방을 받고 똑같은 수술을 하고 똑같은 식습관을 가지고 있어도 사람들마다 각기 다른 결과가 나타나는 것입니다.

그리고 사실 몸에 대한 정보는 몸이 가장 잘 알고 있을 것입니다.

다만 우리의 의식과 몸이 서로 소통을 하지 못하고 있어서 이런저런 문제들이 더 많이 생기는 것입니다.

정화와 소통을 하시는 분들 중에 정화를 하면서 몸이 민감해졌다고 말씀하시는 분들이 꽤 많습니다. 평소에는 괜찮았던 술이 정화를 하면서 설사를 일으키고 또 아무렇지 않게 먹던 회가 복통을 일으키는 등 오히려 몸이 안 좋아지고 있는 게 아닌지 걱정들 하시죠.

이렇게 정화와 소통을 하면서 몸이 민감해지는 것은 내 몸이 나에게 소통을 하기 시작해서입니다.

가장 무서운 건 나에게 독이 되는 것을 맛있다고 먹으면서도 몸이 나에게 아무런 말도 해주지 않고 침묵을 지키고 있는 것입니다.

그리고 몸은 그것이 너무 싫고 괴로운데 내 의식이 알만한 증세로 보여주지 않고, 우리의 의식이 인식할 수 없는 내부에서 서서히 증상을 일으키는 것 또한 내 몸이 내 의식에게 비협조적이란 것입니다.

그렇게 수년간 이 음식이나 생활습관이 나를 망치고 있는지도 모른 채 생활해 오다가 어느 날 병원에서 청천벽력 같은 소식을 듣기도 하죠.

"왜 몸이 이 지경이 되도록 방치하셨나요?"

하지만 몰라서 방치할 수밖에 없었을 것입니다. 그 생활이, 그 음식이 나에게 민감한 반응을 일으켰더라면 하고 싶어도 조심하게 되었을 텐데 말입니다.

이렇게 정화와 소통을 하게 되면 내 몸도 나에게 협조적으로 변하기 시작합니다.

그리고 나에게 적극적으로 말을 걸어오기 시작합니다. 몸의 언어인 증상으로 말입니다.

'이건 싫어. 먹으면 내가 너무 힘들어져. 이건 너무 좋아. 계속해줘!' 등의 표현을 나에게 해오는 것입니다.

실제로 정화를 행하면서 생활습관이나 음식을 본의 아니게 바꾸게 되는 경우가 종종 생깁니다.

케오라와 소통하고 나서 이렇듯 몸에 아주 많은 도움을 받고 있는 것은 사실이지만, 이건 케오라가 가진 것들 중에 극히 일부에 불과합니다.

케오라는 몸에 대한 것들뿐만이 아니라 내 인생에 대한 거의 모든 부분에 대해 알고 있는 존재입니다. 그리고 중요한 사실은 이것이 케오라만의 능력이 아니란 것입니다.

여러분들 속에 있는 진정한 자신의 근원….

수많은 이름으로 불리는 그 존재, 영혼, 참나, 신성, 잠재의식….

어찌 되었든 모든 사람들 속에는 영감적인 정보와 지혜들이 가득 차 있다는 것입니다. 자신 안에 그런 부분이 존재한다는 걸 몰라서 못 쓰고, 알면서도 방법을 몰라서 못 쓰고, 방법은 알지만 정성을 들이지 않아서 못 쓰고 있을 뿐입니다.

케오라는 분명히 말합니다.

"나는 특별하지 않아. 모든 사람들 속에 흔하게 있는 존재일 뿐이야. 내가 특별한 게 있다면 현재의식에게 믿음과 사랑을 받고 있다는 거야. 수많은 존재들이 그들의 현재의식에게 외면을 당하고 있거든."

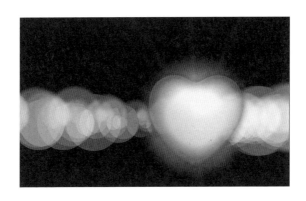

어떻습니까? 내 안의 진짜 나를 찾는다는 것.

세상 사람들과의 소통도 중요하지만, 내 자신과의 소통이 얼마나 중요한지 다시 한 번 느끼셨습니까?

진정한 소통은 사랑입니다.

내 자신을 향해서 사랑한다고 말해보세요.

필요가 아니라 진심으로 사랑할 때 소통의 길은 비로소 열리게 됩니다.

천사들이 들려주는 이야기 23

** 미안합니다, 용서하세요, 고맙습니다, 사랑합니다

이쯤 되면 아마 저에게 이런 질문을 하고 싶으실지도 모릅니다.

"네~ 정화가 좋다는 건 알겠어요. 그런데 어떻게 하라구요?"

그래서 이번에는 정화의 방법에 대해서 이야기해볼까 합니다.

우선 이 책에 소개해드릴 정화법은 '호오포노포노'에서 말하는 '미용고사'입니다.

'미안합니다. 용서하세요(용서합니다). 고맙습니다. 사랑합니다'라는 정화법이죠.

사실 이 말들은 '호오포노포노'를 떠나서 요즘 심심찮게 강조되고 있는 말들입니다. 캠페인 문구나 슬로건, 광고 등에서도 종종 이 말들이 내세워지는 것을 보곤 합니다.

이것 또한 정화의 시대의 흐름 중 하나가 아닐까 생각합니다.

그리고 얼마 전에 나온 자동차 광고에서는 사람의 입장에서 자동차를 평가하는 게 아니라 자동차의 입장에서 말을 하더군요.

'나는 당신이 슬플 때나 기뻐할 때나 늘 함께였습니다~'

또 한 냉장고 광고에서 또한 냉장고의 입장에서 '나는 당신이 원하는 게 뭔지 알아요~'라고 나오는 걸 보면서 우리가 무시하고 살았던 물질이나 자연에 대해 한 번쯤 다시 생각해보는 관점의 변화가 시대적으로 일어나고 있구나 생각했었습니다.

저는 미용고사 정화의 단계를 크게 4단계로 나눠봤습니다.

1단계 =〉 외부를 향해 미용고사를 시작합니다.

주변 사람들, 주변에서 일어나는 문제들, 늘 마주치는 사물들, 장소, 음
식…. 마음에서 감정이 일어나지 않아도 그냥 미용고사를 합니다.

언어에는 굉장한 파장이 있습니다.

언젠가 『물은 답을 알고 있다』라는 책을 인상적으로 봤습니다.

"사랑해, 고마워"라고 말하거나 적어놓은 물을 얼린 다음 현미경으로 그

결정을 관찰했는데 그 물에서는 아주 아름다운 결정이 생겨났고, 같은 방식으로 "싫어, 미워" 등의 부정적인 말을 한 물에서는 비틀어지거나 균형이 깨진 듯한 모양의 결정이 관찰되었습니다.

감정이 실리지 않더라도 이렇게 긍정적인 말만 되풀이해도 보이지 않는 긍정의 파장이 정화를 한다는 증거가 아닐까 합니다.

그리고 이 비슷한 실험들이 우리나라에서도 많이 소개가 되었죠.

이영돈 PD의 '먹거리 X파일'이라는 프로그램에서 또한, 언어로 인해서 술이나 와인 맛이 변하고 밥의 부패속도뿐만 아니라 곰팡이의 성분까지 변하는 실험을 했었습니다.

감정이 없더라도 미용고사를 할 때의 또 한 가지 효과는, 기억에 의해 습관적으로 돌아가고 있는 우리의 머릿속... 생각들과 감정에게 늘 자리를 뺏기고 살았던 그 자리를 미용고사로 채움으로써 생각과 감정들로부터 조금은 여유로워질 수 있다는 것입니다. 생각과 감정들로부터 한걸음 물러설 수 있는 것만으로도 우리의 삶은 훨씬 편안해질 수 있습니다.

2단계 => 외부를 향해 진정성 있는 미용고사를 합니다.

앞의 1단계에서 마음 없이 미용고사를 해도 정화의 효과가 있다고 말했습니다.

하지만 이런 미용고사에 진정성이라는 에너지를 싣는다면 그 효과가 얼마나 커질지에 대해서는 이미 짐작하실 것입니다.

누군가 나에게 상처를 줬다고 하더라도 그 누군가가 진심 어린 표정과 말로 나에게 용서를 구한다면 우리는 훨씬 상처가 빨리 아물게 될 것입니다.

그리고 주변을 천천히 둘러보십시오. 생각 속에서 잠시 벗어나서 말입니다.

우리가 매일 마시는 물… 엄청나게 고맙지 않나요?

이 지구 상엔 물이 부족해 흙탕물로 몸을 씻고 목이 말라도 마음대로 시원한 물 한 모금 들이킬 수 없는 나라들이 아주 많습니다. 그런데 우리는 하루 종일 깨끗한 물을 마시고 매일같이 샤워를 합니다. 저는 매일 세수하거나 손을 씻더라도 그리고 물을 마실 때 진심으로 고맙다는 생각이 저절로 올라옵니다.

제가 마시고 씻는 물을 앞서 말한 '물은 답을 알고 있다'의 실험처럼 같은 과정을 거친 후 현미경으로 관찰해본다면 아마도 아름다운 결정으로 반짝이고 있을 것입니다. 뭔가 불만으로 가득 찬 상태로 물을 마시고 있는 사람이 있다면 그는 시커먼 결정체의 물을 마시고 있는 것과 같을 것입니다.

내 앞에 있는 음식들도 마찬가지입니다. 내가 진심으로 고마워하면서 먹게 되면 그 음식들도 내 몸에서 고마워할 일을 하게 됩니다.

또한 아무리 좋은 식당에서 잘 만들어진 음식을 먹더라도 집밥만 못하다고들 말합니다. 바로 집밥이 더 나은 이유는 내 가족의 건강을 위하고 사랑으로 음식을 만들어서일 것입니다.

똑같은 음식이지만 사랑이라는 에너지가 들어간 것과 그렇지 않은 것의 차이인 것이죠.

언젠가 지인이 TV에서 'MSG 같은 조미료가 실은 우리 인체에 별로 해가 없다. 그동안 안 좋다는 인식이 너무 과장되어왔다. 오히려 작은 양으로도 맛을 낼 수 있어 좋은 효과도 있다'는 내용을 보았다고 하더군요.

네~ 실험결과 인체에 해가 없다면 당연히 없는 거겠죠. 그런데 전 이 말을 들으면서 문득 이런 생각이 들었습니다.

'자연에서 난 재료들은 창조주가 우리 인간을 위해서 만들어놓은 것이고, 화학조미료는 인간이 편하게 요리하고자 만든 거라면 기왕이면 신의 사랑이 서려 있는 자연 재료를 먹는 게 훨씬 낫겠군.'

3단계 =〉 내부를 향해 미용고사를 시작합니다.

내부라는 것은 '나'를 말합니다.

가깝게는 나의 생각, 나의 감정, 나의 몸이며 깊게는 인식할 수는 없지만 분명히 존재하고 있는 나의 기억들과 심층의식입니다.

그리고 더 깊은 곳에서 나와의 교감을 애타게 기다리고 있을 가장 순수한 나의 잠재의식입니다.

끊임없이 올라오는 생각들과 감정들을 분리해놓고 미용고사를 하는 것입니다.

그리고 내 안에 존재하는 엄청난 기억들을 향해 미용고사를 하는 것입니다.

나의 기억 속에는 자라지 못한 채 아픈 상황 속에 갇혀있는 수많은 상처받은 내면 아이들이 존재합니다. 관리되어지지 않아서 보살펴지지 않아서 무방비 상태로 때를 부리고 울고 슬퍼하는 기억 속의 아이들이 너무나 많이 존재합니다.

그리고 또 어딘가 틀림없이 있을 나의 잠재의식에게 미용고사를 하는 것입니다.

4단계 =〉 내부를 향해 진정성 있는 미용고사를 합니다.

이것은 1, 2단계와 같습니다.

"이런 생각이 올라왔군. 정화가 받고 싶었구나. 올라와 줘서 고마워. 사랑해. 미안해."

"감정들이 올라와 있네. 음~ 이건 아주 익숙한 감정들인데. 그리고 보니 늘 올라왔던 감정들이구나. 그러면서도 정화 한 번 못 해주고 늘 안으로 또 밀어 넣기만 했구나. 미안해. 용서해줘. 이렇게 표면에 나와서 정화를 할 수 있게 해주다니. 정말 고마워. 사랑해."

이렇게 정화를 하다 보면 평생 내가 비슷한 패턴의 생각들과 감정들 속에서 살아왔다는 것을 알 수 있게 됩니다.

이런 패턴들은 나의 심층의식 속에 무엇이 꽉 차있는지 결정적인 힌트를 제공함과 동시에 정화할 기회를 주는 것이죠.

하지만 여러분! 이렇게 많은 정화의 기회를 얼마나 많이 놓치고들 계십니까?

생각이 또 다른 생각을 만들어서 더 커지고 감정이 또 다른 감정을 만들어서 더 커져서 다시 심층의식 속으로 쑥 들어가버리는 이런 악순환 속에서 얼마나 많은 시간을 보내셨습니까?

잊지 마세요. 생각과 감정을 덩치만 키워서 다시 심층의식 속으로 돌아가게끔 놓치지 마세요. 정화로 조금씩 옅어지게 하고 허공으로 휘~날려 보내는 겁니다.

한 가지 명심할 것은 참는 것이 아니란 것입니다.

참는다는 것은 대표적으로 덩치만 키워서 다시 내면 깊숙한 곳으로 꾸깃꾸깃 쑤셔 넣는 것입니다. 정화는 그걸 분리하고 바라보면서 존중해주는 것입니다.

어떻게 시작해서 어떻게 난리를 치다가 어떻게 서서히 힘을 잃어 가는지 지켜보면서 정화하는 것입니다.

마치 아이를 다루듯 '그랬구나. 화가 났구나. 그런 사연이 있었구나. 몰라줘서 미안해. 사랑해'라고 하면서요.

미용고사의 단계가 우선순위나 중요도를 뜻하는 것은 아닙니다.

이 4단계를 동시에 습관적으로 할 줄 알아야 합니다.

눈앞에 보이는 것들을 향해 습관적으로 미용고사라는 긍정적인 말들을 자주해주고 가급적이면 진심으로 세상 모든 것들이 나에게 얼마나 소중하고 각각 아름다운 가치를 가지고 있는지를 알아차려야 합니다.

그러면 당연히 진정성 있는 미용고사가 저절로 이루어지게 됩니다.

꼭 미용고사가 아니라도 좋습니다. 마음에서 우러나오는 감사의 말, 사랑의 말, 미안함의 표현 등 모두 좋습니다.

그리고 처음에는 힘들겠지만 늘 나의 머릿속의 주인이 되어야 합니다. 그동안은 심층의식에서 내보내는 생각과 감정들이 나 자체였지만 이제는 그 위로 올라서야 합니다.

그것들은 '나'라는 존재 자체가 아니라 '나'가 정화해야 할 아주 소중하고 중요한 대상들일 뿐입니다.

그리고 하루 중 고요할 때, 정 시간이 없다면 잠들 때나 아침에 눈을 뜰 때만이라도 내 안의 잠재의식을 향해 진정으로 보고 싶다고, 사랑한다고, 고맙다고 말해야 합니다.

이렇게 4단계가 골고루 일상생활 속에 배어 있어야 합니다.

힘들다구요? 정작 힘든 건 생각과 감정 속에 휘둘렸던 지난 삶입니다. 그냥 익숙해서 반복하고 있을 뿐입니다.

정화나 소통은 단기간의 상담 세션이 아닙니다.

잠시 하다가 좋아지면 안 하고 효과 없으면 버리는 그런 수단이나 도구가 아닙니다.

내 삶에 대해서 통찰해나가는 성장의 과정입니다.

내 자신이 누구인지에 대해서 알아가고 진정 나를 사랑하는 긴 여정의 과정입니다.

그리고 이 과정에서 미용고사의 4단계는 큰 정화의 효과를 가지고 있습니다.

제가 언젠가 케오라에게 물었던 적이 있었습니다.

"미용고사가 도대체 어떤 의미가 있지? 좋은 말이라는 건 알겠지만 이게 진짜 정화의 효과가 있긴 한가?"

"'미안합니다'라는 말에선 상처와 기억을 치유하는 에너지가 나와. '용서합니다'라는 말에는 상처나 기억들의 남은 흔적들을 깨끗이 씻어내는 에너지가 나와.

'감사합니다'라는 건 앞으로 나에게 올 것들, 창조를 뜻해.

'사랑합니다'라는 말은 세상 만물과 자신을 연결시켜주는 교감의 에너지가 나오지."

이렇게 간단한 몇 개의 말들이 내 인생을 어떻게 변화시킬 수가 있겠냐구요? 많은 돈을 들이고 공을 들이고 어려운 공부를 해도 변하지 않는 이 인생을 말입니다.

하지만 밥이 변했잖아요. 물도, 식물도 말 한마디에 큰 반응을 보였잖아요.

그런 물질이 변하는데 우리 인생이 변하지 않는다는 건 모순입니다.

양자물리학에서 보면 물질도 인생도 감정도 나라는 존재도 결국은 같은 존재들입니다.

여러분들의 의심이 변화의 길을 늦추고 있을 뿐입니다.

어렵고 거창해야 뭔가 효과가 있을 거라는 여러분들의 선입견이 변화를 늦추고 있을 뿐입니다.

신은 똑똑한 사람, 돈 많은 사람을 차별하지 않습니다.

못 배운 사람도, 가진 게 없는 사람도, 세상 물정 모르는 어린아이도 다 할 수 있고 다 이해할 수 있는 가장 쉬운 곳에 진리와 삶의 선물을 심어놓았습니다.

눈을 돌리세요. 쉬운 곳으로. 너무나 기본이라서 무시했던 곳으로….

그곳에 삶의 진리가 있습니다. 동화책 속의 파랑새처럼 말입니다.

천사들이 들려주는 이야기 24

** '깨어있음' 그리고 '내려놓음'

〈깨어있음…〉

언젠가 집으로 가는 골목길에서 생각했습니다.

'아~ 지겨워. 벌써 10년째 같은 길을 오르고 있잖아.'

그때 케오라가 이렇게 말했습니다.

"세상에 같은 길은 없어. 바람이 다르고 지나가는 사람이 다르고 길옆에 핀 꽃이 달라. 그리고 네 머릿속 생각, 네 마음도 늘 다르지. 세상에 머물러 있는 건 하나도 없어."

사람들은 두 가지 시선으로 세상을 바라봅니다.

하나는 심층의식(기억, 생각, 감정)의 시선 그리고 하나는 순수한 잠재의식(영감)의 시선입니다.

반복되는 기억의 눈으로 보는 세상은 말 그대로 순수하지 못합니다.

어제, 일주일 전, 1년 전, 더 나아가 몇십 년, 어쩌면 몇백 년 전부터 반복되어온 기억 속에서 세상을 보는 것입니다. 그러니 얼마나 지겹고 식상하고 답답하겠습니까.

당연히 우리의 현재의식은 이러한 인식을 하지 못합니다.

지금 내가 왜 이렇게 불만족스럽고 짜증이 나고 재미없고 지긋지긋한지….

겉모양만 그럴싸하게 바뀌었을 뿐 알고 보면 우리는 정말 긴 세월 동안 다람쥐 쳇바퀴처럼 비슷한 패턴의 양상과 반복 속에서 살아왔습니다.

순수한 잠재의식(영감)의 시선으로 세상을 보게 되면 모든 것이 신선하고 달라 보입니다.

기억과 정보가 사라지고 그들의 진짜 모습이 드러나면 마치 죽어있던 것에서 생명이 생긴 것처럼 세상이 화사하게 보이기 시작합니다. 매일 보던 버스도, 매일 지겹도록 보는 가족의 얼굴도, 매일 지나치던 똑같은 건물들도 말입니다. 지금 내 앞에 있는 그 사람의 얼굴은 더 이상 어제 또는 언젠가 나를 괴롭게 했던 기억 속의 인물이 아닙니다. 방금 새로운 영감으로 바라보는 새로운 사람입니다. 그렇게 바라볼 때 그와 나와의 얽힌 갈등의 사연은 풀어지기 시작합니다. 내가 잠재의식의 순수한 시선으로 그를 바라볼 때 비로소 그 역시 순수하게 나를 바라봅니다.

기억끼리는 적을 만들어도 잠재의식끼리는 적이란 게 없습니다. 모두가 서로에게 소중하고 사랑스런 존재이죠.

지식은 지식을 만나야 부딪치고, 자존심은 자존심을 만나야 부딪치고, 감정은 감정을 만나야 부딪칩니다.

사람들은 누군가를 대할 때 기억 속에서 온갖 무기들을 챙겨놓습니다.

상대가 지식을 꺼내면 나도 지식을 꺼내서 상대해야 하고, 상대가 화를 꺼내면 나는 더 큰 화를 찾아서 꺼내고, 또 상대가 잘난 척을 꺼내면 나도 지지 않게 잘난 척을 꺼내야 하니까요.

그렇게 서로 진정한 교감이 아니라 심층의식(기억)끼리 상대하다가 헤어집니다. 그리곤 집으로 돌아가 풀썩 쓰러지죠. 인생 참 피곤합니다.

내가 가진 게 없으면 상대가 무엇을 꺼내놓아도 부딪힘이 없습니다.

누군가 나에게 돌을 꺼내 던지더라도 내가 투명해지면 상처가 나지 않습니다.

저는 종종 일상생활 속에서 불편함이라는 돌이 나에게 던져질 때 내 몸이 투명해지거나 바람 또는 물이 되는 상상을 합니다. 그럼 그 돌이 맥없이 허공을 가르다가 다시 부메랑처럼 던진 사람에게로 돌아갑니다.

내가 깨어서 그를 바라보면 그를 사랑하지 않을 수가 없습니다.

내가 깨어서 그를 바라보면 기억 속에 허덕이고 있는 그 모습이 안타까워 미워할 수가 없습니다.

'깨어있는 것'만으로도 진정한 소통이고 정화입니다.

〈내려놓음…〉

케오라는 내려놓음을 '의식의 힘을 빼는 것'이라고 말합니다.

제가 지난 10여 년 동안 정화를 하고 소통을 해오면서 케오라에게 가장 많이 들었던 말 중에 하나가 바로 이것이기도 합니다.

정화가 잘되지 않을 때, 뭔가 현실적인 문제가 잘 풀리지 않는다고 느껴질 때 케오라는 늘 저에게 이렇게 조언해주었습니다.

"의식에 힘을 빼. 생각에 힘을 빼. 느슨하게 만들어봐."

우리가 몸에 힘을 주고 근육에 긴장을 하고 하루 종일 움직이는 것과 같이 현재의식도 오랜 시간 반복적으로 긴장하고 힘을 주고 살아왔다는 것을 알고 계십니까?

다만 너무나 습관처럼 되어버려서 내가 얼마나 힘을 주고 살고 있는지 모를 뿐입니다.

영적 성장을 다룬 책들을 보면 내려놓으라는 조언이 아주 많이 있습니다.

'그런데 도대체 어떻게? 어떻게 놓아버리라는 거지? 말이 쉽지. 나도 당연히 그렇게 하고 싶은데 구체적인 방법이 없잖아.'

이런 생각 안 해보셨습니까?

케오라는 제게 내려놓을 수 있는 방법에 대해 세 가지로 조언해주었습니다.

"먼저 무엇을 잡고 있는지 스스로를 봐. 그리고 힘을 빼는 거야."

건강을 잡고 있고, 돈을 잡고 있고, 누군가와의 갈등을 잡고 있고, 친구에 대한 기대를 잡고 있고…….

내가 무엇을 잡고 있는지, 그중에서도 무엇을 가장 꽉 잡고 있는지 알게 되었습니다.

오랜 시간 손에 힘을 주고 있으면 얼마나 손이 아프고 피도 안 통하고 힘들겠습니까. 더 나아가 근육의 긴장이 심해지면 통증이 생기듯이 내면의 긴장상태가 지속되면 우리의 인생에도 여러 가지 심리적 현실적 문제들이 생길 수밖에 없습니다.

케오라 말처럼 내가 잡고 있는 게 무엇인지를 보기 시작하니 반 이상은 스스로 힘이 빠지는 느낌이 들기 시작했습니다.

여러분! 여러분은 지금 무엇을 쥐고 있나요? 시험, 돈, 사랑, 자식, 직장, 계약 건….

먼저 내가 무엇을 쥐고 있는지, 얼마나 오랫동안 꽉 쥐고 있었는지, 그래서 얼마나 쥐가 날 정도로 힘들었는지 한 번 자신을 보십시오.

그리고 그런 자신을 보았다면 길게 심호흡을 하면서 부드럽게 말해보세요.

"휴~ 이제 알겠네. 내가 무엇을 그렇게 쥐고 살았는지. 아이고 힘들었겠다. 힘들었지. 고생 많았다."

그리고 두 번째는 '믿음과 인식'의 문제라고 했습니다.

옆에 든든한 엄마가 있는 아이는 긴장을 하지 않습니다. 아이에게 엄마는 슈퍼맨 같은 존재이니까요. 하지만 엄마나 보호자 없이 혼자 살아가야 하는 아이는 살아남기 위해 긴장을 하지 않을 수가 없을 것입니다.

신앙생활에 열정이 강하신 분이 저에게 본인의 불안함과 걱정거리에 대해 조언을 부탁한 적이 있었습니다. 그때 케오라가 이렇게 말했습니다.

"당신은 하나님을 믿지 않는군요."

그분은 너무나 당황하시면서 언성을 높여 반박하셨습니다.

"아니요. 제가 얼마나 하나님을 굳게 믿고 있는데요!!"

"하나님을 굳게 믿고 있다면서 왜 늘 걱정과 불안을 가지고 사는 거죠? 왜 다 믿으면서 다 맡기질 못하시는 거죠? 당신의 하나님이 다 알아서 해주실 텐데 왜 믿지를 못하는 거죠?"

그러자 그분은 무언가를 깨달았다는 듯이 부끄럽게 고개를 끄덕였습니다.

우리 안에 엄청나게 강하고 빛나는 보석 같은 잠재의식이 있다는 것을 온전히 믿고 인식하게 되면 자연히 인생에서 긴장을 놓게 됩니다.

우리의 잠재의식이 알아서 다 해줄 테니까요.

그저 흐르는 강물처럼 인생이라는 물결에 몸 하나 살짝 싣고 가면 되니까요.

그리고 마지막은 **'중요하다는 일'에 집중하지 말고 '즐거운 일'에 집중하라**는 것입니다.

우리의 심층의식 속에 있는 기억은 늘 속삭입니다.

'이 사람 아주 중요해. 놓치면 안 돼. 저 일 아주 중요해. 안되면 큰일 나. 이번 계약 아주 중요해. 안되면 완전 손해야. 망해버릴 거야.'

중요하다고 해야 '집착'을 하니까요. 기억을 현재의식에 하나처럼 붙이는 데 있어 '집착'은 그야말로 최고의 강력 접착제입니다.

하지만 '중요한 것'은 진짜 중요한 게 아닙니다.

우리는 중요한 일을 하려고 태어난 게 아닙니다.

적어도 저는 힘들게 '중요한 숙제'만 하다 가려고 태어난 사람은 아니고 싶습니다.

저는 깨닫고 해탈하고 도인이 되려고 정화나 소통을 하는 사람은 아닙니다.

진정으로 내 목적을 찾아 이 인생을 뜻깊고 즐겁게 만들고 싶어서 정화와 소통을 합니다.

누군가는 봉사를 하는 게 즐거울 것이고 또 누군가는 청소를 하면서 즐거울 수 있고 또 누군가는 음식을 만들면서 즐거울 수도 있습니다.

우리가 정말 즐겁게 웃을 수 있을 때 우리의 잠재의식도 함께 흐뭇해 합니다.

작은 것이라도 즐거울 수 있는 일을 찾아보시기 바랍니다. 그리고 과감하게 행하시기 바랍니다. 그게 당장 현실적으로 불가능한 일이라면 상상으로라도 하십시오.

우리의 뇌는 현실과 상상을 구분하지 못한다고 하죠. 즐거운 상상을 하는 것만으로도 우리의 의식이 휴식을 취하고 인생을 쥐고 있던 힘을 서서히 풀기 시작합니다.

요즘 일본에 이어 우리나라에서도 자신의 임종체험을 해보는 수련원이 늘고 있습니다.

저는 자기최면으로 저의 임종체험을 해보았습니다.

90살이 훌쩍 넘은 어느 날, 죽을 것을 미리 알고 책상에 앉아 마지막 일기를 쓰고 있는 것 같았습니다. 그 시작이 이렇더군요.

"나는 이제 집으로 가야 한다.

이번 여행은 아주 특별하고 멋진 여행이었다. 많이 지쳐있지만 마음은 아주 흐뭇하다. 원래의 목적 이상으로 많은 것을 배우고 체험하고 가기 때문이다.

이제 나는 나의 집으로 돌아가 휴식을 취해야지. 그리고 다시 다음 여행을 천천히 준비할 것이다⋯⋯."

이렇게 최면에서 각성한 후 의식적으로 저는 많은 통찰을 얻게 되었습니다.

미래의 저에게서 말입니다.

여행이라⋯ 미래의 나는 이 삶을 여행이라고 쓰고 있었습니다.

여행지에서 아무리 멋진 호텔에 묵은들 그건 내 집이 아닙니다. 시간이 지나면 나와야 할 곳이죠. 내 침대도 아니고 내 이불도 아니고 그곳에서 만난 멋진 사람들도 내 사람들이 아닙니다. 아무리 좋은 풍경도 여행이 끝나면 추억으로 지나갈 것이고 그 모든 것은 그곳에 그대로 두고 돌아와야 합니다.

그렇게 생각하니 인생에 힘을 뺀다는 것이 무슨 느낌인지 알 것 같았습니다.

남의 호텔에서 '이건 내 침대야, 내 이불이야'라고 우기면서 작은 여행 가방에 담아서 들고 가려고 머리 굴리고 애쓰고 있는 내 모습이 문득 상징적으로 떠올라 웃음이 났습니다.

우리 안의 잠재의식의 힘을 명확히 인식하고 믿으세요.

그리고 내가 무엇을 쥐고 있는지 얼마나 지쳐있는지 내 마음을 들여다보세요.

그리고 중요하다고 잡고 있던 그 문제를 잠시 접고 즐거울 만한 일을 찾아서 하세요.

여러분은 즐거울 자격이 충분히 있습니다.

그럴 때 우리는 조금씩 인생의 짐들을 내려놓게 됩니다.

이게 바로 케오라가 말하는 내려놓음의 과정입니다.

언젠가 제가 케오라에게 이런 질문을 한 적이 있습니다.

"잠재의식으로써 정말 나에게 바라는 게 뭐니?"

솔직히 저는 '도덕적으로 착하게 살고 남을 도우며…' 등등 이런 답을 짐작했었습니다.

그런데 의외의 말을 하더군요.

"나는 네가 진정으로 자유롭기를 바래.

기억으로부터 감정, 생각으로부터 진정으로 자유로워지기를 바래."

천사들이 들려주는 이야기 25

** 잠재의식의 정화 능력

〈작은 이야기 둘〉

평생을 자식 뒷바라지하고 남편 내조하고 힘든 거 다 참아가며, 말 그대로 최선을 다해 잘 살아왔노라고 자부하던 한 할머니가 있었습니다.

어느 날 명이 다해서 죽게 되었고 '신' 앞에 서게 되었답니다.

할머니는 당당하게 나서서 이야기했습니다.

"저는 평생 착하게 살아왔습니다. 평생 자식들을 위해 살았고 모든 걸 다 희생했고."

"그래. 그렇구나. 그런데 너한테는 어땠느냐?"

"네? 아니요. 저는 평생을 남편을 위해 다 참아가면서… 힘든 거 다 감수해가면서…….."

"아니, 아니. 너한테는 어땠느냐 말이다."

"네? 그게… 아니… 평생 남들한테 싫은 소리 한 번 한 적도 없었고…."

"내가 궁금한 건 네가 남들한테 어떻게 했느냐가 전혀 아니다. 나는 네가 태어날 때 몸과 마음을 주면서 네 몸, 네 마음이니 잘 아끼라고 했었다. 네 몸과 마음을 얼마나 아끼고 잘 보살폈는지, 나는 그것이 궁금하다. 어땠느냐."

그 질문에 할머니는 그제서야 깨닫고 풀썩 주저앉아 울며불며 용서를 빌었답니다.

"죄송합니다. 죄송합니다. 남들 아끼느라 내 몸과 마음은 엉망이 되었습니다."

몇 년 전에 어떤 분을 상담할 때였습니다.

그분은 40대 남자분이셨는데 정화니 뭐니 이런 것에는 전혀 관심이 없는 듯했습니다. 그저 부인의 부탁 때문에 할 수 없이 저를 만나러 나온 상태였습니다.

그분이 아주 자랑스럽게 이야기하더군요.

"저는 평생 잘 살아왔습니다. 뭐든 나름대로 열심히 해왔고 남들한테 피해도 안 주고 욕도 안 듣고 말입니다."

"아~ 그렇군요. 남들한테 피해 안 주려고 애쓰는 동안 자신한테는 얼마나 많은 피해를 입혔는지 생각해본 적 있으십니까?"

그러자 갑자기 그 당당하던 모습은 사라지고 눈물을 흘리시더군요.

"그 이야기를 들으니 갑자기 가슴이 아파져 옵니다."

케오라는 늘 저에게 이야기합니다.

"난 모든 걸 정화하고 있어. 우리 안에 있는 기억들도 정화하고, 우리가 있는 장소도 정화하고, 나와 만나지는 모든 인연들도 정화하고, 내 눈앞에 있는 사물… 그 모든 걸 정화해. 나는 이생에서 정화하는 게 목적이야. 더 많은 걸 정화하고 갈 거야."

사실 정화를 한다는 것이 눈앞의 쓰레기를 치우는 것처럼 시각적으로 확인되는 것도 아니고 정화 즉시 바로 눈앞에 결과가 나오는 경우도 좀처럼 많지 않아서 참 추상적이고 막연하게만 느껴집니다. 하지만 오랜 기간 정화를 하다 보면 정말 정화라는 게 이루어지고 있다는 걸 느낄 수밖에 없는 현실적인 체험을 종종 하게 됩니다.

가벼운 예로는, 케오라가 말하기를 어떤 장소나 사람을 정화하게 될 때 그 안에 부정적인 에너지가 많이 있으면 정화의 에너지와 그 부정적인 에너지가 부딪히면서 약간의 트러블이 일어날 수 있다고 합니다. 실제로 가끔 어떤 장소를 정화할 때 갑자기 그릇이 깨진다거나 누군가가 들고 있던 물건을 떨어트린다거나 심지어는 벽에 걸려있던 시계가 떨어진 적도 있었습니다. 어떤 사람이 갑자기 물건을 잃어버렸다고 소동을 피우다가 그 자리에서 어이없이 찾았던 일도 있었구요.

그리고 정화를 하면서부터 또 신기했던 것은 몇 번 지하철에서 혼자 중얼거리거나 정신을 놓은 것처럼 보이는 사람들을 만난 적이 있었는데 그 사람들이 하나같이 저를 힐끔거리면서 피해간다는 것이었습니다.

어떤 사람은 꽤 큰소리로 들리게 이런 말을 한 적도 있었습니다. "저 사람… 옆에 있지 말자. 무서워. 그지. 우리한테 어떻게 할지 몰라. 그러니까 다른 곳으로 가자. 빨리 가자….'

그 사람이 어떤 상태인지 그 말이 정확하게 무엇을 의미하는지는 모르겠지만 케오라 말대로라면 정화의 에너지가 그 사람의 어떤 부분을 불편하게 자극했을 겁니다.

케오라는 말합니다.

정화를 하면서 스스로 밝고 또 밝아지게 되면 세상에 두려울 것이 없어진다구요.

싸울 필요도, 피할 필요도, 겁낼 필요도 없어진다구요.

빛이 강하면 어둠은 저절로 사라지기 마련이니까 말입니다.

다시 말해 **내가 빛이냐가 중요한 것이지 상대의 어둠이 중요한 게 아니란 것입니다.**

참 매력적이지 않습니까?

한 번은 아는 동생에게 빌려주었다가 돌려받은 스카프를 하려고 하는데 케오라가 말했습니다.

"하지 마. 오늘은 그 스카프 하지 마. 때가 묻었어."

하지만 아무리 자세히 살펴봐도 스카프는 깨끗했습니다.

"이렇게 깨끗한데…."

"아니. 에너지의 때가 묻었어. 정화하려면 시간이 필요해. 오늘은 하지 마."

그래서 그 동생에게 물어봤습니다. 도대체 이걸 하고 어디를 갔다 왔었느냐고요.

그랬더니 그 동생 말이 이 스카프를 하고 나갔던 날 애인에게 이별통보를 받고 너무나 큰 충격과 좌절을 느꼈었다고 하더군요. 그때 그 부정적인 에너지들이 스카프에 묻어있었던 것입니다.

또 한 번은 몇 년 전, 제 친구가 저에게 잘 어울릴 것 같다면서 자신의 빨간 스웨터를 주었습니다. 그런데 이상하게 그 스웨터를 입고 나가기만 하면 매번 안 좋은 일이 생기는 겁니다. 발목을 다치고 다른 사람이 시비를 걸어오고 물건을 잃어버리고…. 결국 점점 입지 않게 되더군요. 그러던 어느 겨울, 케오라가 이 옷을 정화해줄 테니 다시 입으라고 했습니다.

그러면서 케오라가 정화를 했다는 증거로 처음 입고 나간 날 뜻밖의 선물 세 가지를 받게 될 거라고 했습니다. 신기하게도 정말 그 스웨터를 입고 나간 그날 하루 동안에 신발과 상품권, 영양제까지… 생각지도 못했던 세 가지를 선물로 받았습니다.

한 번은 어떤 분이 너무나 지치고 힘든 상태라고 정화를 부탁한다고 하셨습니다.

그렇게 케오라한테 부탁을 하고 넘어갔는데 그분에게서 답 메일이 왔습니다. 신기한 체험을 했다고 말입니다. 그분이 일을 마치고 택시를 타려고 하는데 갑자기 이상한 에너지가 자기 몸을 휘감는 듯한 강한 느낌을 받았다고 했습니다. 그리고는 집에 와서 컴퓨터를 켜보니 그 시간과 제가 그분에게 답을 드리고 있던 시간이 거의 일치하더라는 겁니다.

그러면서 핑크돌고래님의 정화 에너지를 자기가 받은 거라고 말씀하시더군요.

글쎄요. 검증된 바는 없습니다. 하지만 그렇게 믿고 있습니다. 어차피 믿으면 사실이 되니까요.

또 어떤 분은 갑작스런 사고로 남편을 잃으시고 그 충격이 너무나 큰 나머지 눈물조차 나오지 않는다고 하셨습니다. 너무나 컸을 그 슬픔을 조금이나마 덜어드리기를 바라면서 케오라에게 정화를 부탁했는데 그 다음 날 제 글을 보고 나서 두 달 만에 처음으로 눈물이 터지더라는 답 메일을 보내오셨습니다.

그렇게 몇 시간을 대성통곡하고 처음으로 수면제 없이 편히 주무셨다고 하시더군요.

천사들이 들려주는 이야기를 읽으시면서 이유 없이 눈물이 난다는 분들이 종종 계십니다.

그리고 저에게 쪽지나 메일을 보내면서도 그리고 답변을 읽으면서도 특별한 이유 없이 눈물이 나오더라는 분들이 종종 계십니다.

저는 사실 '우와~ 내가 그렇게 글을 잘 쓰나? 얼마나 감동적으로 썼으면 눈물이 난다고들 하실까…'라고 생각했습니다.

그런데 케오라는 이렇게 말하더군요.

"의식이 인식을 하든 하지 않든 누군가 나에게 초점을 맞추게 되면 나와 그 사람의 내면은 교감을 하게 돼. 교감은 사랑이지. 사랑의 에너지를 느끼게 되면 영혼 깊숙이 자극을 받게 되고 그 정화의 표시로, 의식적으로 눈물이 나기도 하는 거야."

저에게만 초점을 맞추라는 것이 아닙니다.

정화라는 건 누구나 할 수 있고 사랑의 에너지는 누구나 만들어낼 수 있습니다.

내가 사랑을 결심하고 누군가에게 초점을 맞춘다면 또는 누군가 그런 나에게 초점을 맞춘다면 나의 내면과 그 누군가의 내면이 진심으로 교감을 하게 되고 그 순간 엄청난 정화의 에너지가 통한다는 것입니다.

문제는 **'내가 무엇을 결심하고 무엇에 초점을 맞추고 있나'**라는 것입니다.

사물부터 동식물과 사람들까지 그리고 사실 가장 중요한 나의 기억들….
케오라는 이 모든 것을 정화하고 있다고 말합니다.

10여 년 전 제 현재의식이 먼저 열심히 정화하면서 저의 잠재의식인 케오라를 깨우게 되었고 그 후 잠재의식인 케오라에게 현재의식이 닿지 않는 깊은 심층의식의 정화를 부탁했기 때문입니다.

잠재의식의 정화능력은 현재의식의 정화능력보다 절대적으로 뛰어납니다. 그래서 정화를 하다 보면 이런저런 신비한 체험들이 종종 일어나기도 합니다.

그게 바로 우리 본연의 힘이니까 말입니다.

케오라는 저에게 놀랄만한 능력을 자주 보여줍니다.

이건 케오라만의 혹은 저만의 능력이 아닙니다. 모든 사람들이 다 가지고 있는 능력입니다.

아니 저 또한 사실 우리 안의 무한한 능력에 비한다면 아직도 빙산의 일각만을 끌어다 쓰는 것일 겁니다. 아직도 제 현재의식은 불안정하기 때문에 많은 시행착오를 겪어가며 여러분과 같은 과정의 길 위에 있습니다.

다만 저는 매일 정화합니다. 매일 내면을 보살핍니다.

그렇게 10년 동안 매일을, 정말 매일을 지독하게 케오라를 찾았고 이야기하고 정화를 했던 것만은 사실입니다.

혹시 '저 사람은 특별해서 정화나 소통이 잘 되나?'라고 생각하는 분들이 계신다면 묻고 싶습니다.

"저는 짧은 10여 년이지만 매일 정화와 소통을 해왔습니다만 당신도 그렇게 하고 계신가요? 그렇다면 제가 특별한 게 맞습니다. 아니라면 정성의 문제입니다."

천사들이 들려주는 이야기 26

** 자신과의 소통

많은 분들이 내면과의 소통을 하고 싶어 하십니다.

마치 저를 대단한 사람인 것처럼 대하시는 분들도 종종 계시구요.

그래서 이번에는 자신과의 소통에 대한 이야기를 해볼까 합니다.

우선 제가 드리고 싶은 말은 자신과의 소통을 하지 않고 사는 사람은 없다는 것입니다.

다만 우리의 현재의식이 인식하고 있지 않을 뿐입니다.

우리의 머릿속에서 맴도는 수많은 생각들과 메시지들 중에는 나의 내면 깊은 곳에서 올라오는 영감의 메시지들도 상당히 포함되어 있습니다.

사람들이 흔히 갖고 있는 소통에 있어서의 착각 두 가지가 있습니다.

첫째는, '영감의 메시지는 당장에라도 내 인생을 바꿀 수 있을 만한 대단하고 멋진 메시지이기만 할 것이다'라고 생각하는 것입니다.

하지만 그렇지 않습니다. 우리 안의 잠재의식, 내면 깊은 곳에서 올라오는 영감의 메시지들 중에는 아주 단순하고 고요한 것들이 더 많습니다.

'난 할 수 없어'라고 좌절하는 순간, '아니 그래도 다시 해보자. 잘해왔잖아. 다시 할 수 있어'라고 말하는 내 마음의 작은 목소리.

'내 잘못이야'라고 자책하면서도 또 한편으론, '난 할 만큼 했잖아. 최선을 다했잖아. 괜찮아'라고 위로하는 깊은 곳의 조용한 느낌들….

'이게 뭐지?'라고 물었을 때 '아~ 그거구나'라고 알게 해주는 사소한 순간들….

사실 우리가 그냥 '내 생각일 뿐이야. 내가 만들어낸 거야. 별거 아니야. 우연이겠지'라고 넘어가 버리는 그 속에 알고 보면 우리 안의 내면 깊은 곳에서 올라오는 나를 도와주고자 나를 위로하고자 하는 사랑의 메시지가 있다는 것입니다.

이런 경험들 없으신가요?

무언가 잃어버려서 헤매고 있을 때 문득 '아! 거기'라며 머릿속에서 떠오르는 순간.

풀리지 않는 문제에 골치 아파하고 있는데 불현듯 그 답이 탁 튀어나오는 순간.

'난 안돼'라며 포기하고 싶으면서도 또다시 나를 움직이게 만들고 지탱하게 만드는 그 어떤 힘들. 이렇게 알고 보면 늘 일상생활 속에서 우리는 자신과의 소통을 하고 있습니다.

다만 그냥 지나치고 있을 뿐이죠.

그리고 사람들이 오해하는 것 중 두 번째는, 내면에서 구체적인 목소리가 들려와 나에게 선명하게 말을 걸어줄 거라고 마냥 기다리는 것입니다. 저는 저의 내면의 존재인 케오라와 대화를 하지만 결코 목소리가 들리는 것은 아닙니다. 그냥 느낌입니다. 부드러운 안개 같은 느낌. 그 느낌 속에서 나에게 전해주고자 하는 메시지를 알아차리고 그것을 내 현재의식이 언어로 표현하는 것입니다. 그러니 이것이 나의 입을 통해 밖으로 나오는 순간 사실은 온전한 내면의 상태는 아닌 것이 됩니다.

나의 뇌를 통해 한 번 더 해석되어지고 언어화되는 것이기 때문에 얼마든지 나의 선입견이나 정보들에 가려져서 왜곡될 수 있다는 것입니다.

이렇듯 내면과의 대화는 느낌과의 대화입니다.

제가 처음 케오라와 소통을 시작할 때는 정말 간단한 대화로 시작했습니다.

아니 대화가 아니었습니다. 긍정의 느낌, 부정의 느낌, 긍정도 부정도 아닌 제삼의 느낌… 제가 생각하기에 그렇게 단순하고 막막하게 잡기 시작했던 케오라의 메시지가 그나마 어느 정도 선명해지는 데 있어 2년 정도의 시간이 걸렸던 것 같습니다.

물론 그 2년 동안 정화와 소통을 매일같이 했습니다.

막막한 느낌 속에서도 묻고 또 묻고 고요한 상태에서 귀를 기울여서 듣고자 하고.

작은 일부터 큰일까지 외부에서 답을 찾는 대신, 결과야 어찌 되든 내 안에 질문을 던져놓고 내 안에서 답을 찾고자 했습니다.

그렇게 2년 정도 될 무렵, 정말 가랑비에 옷 젖는 줄 모른다는 말처럼 서서히 케오라와의 대화가 좀 더 선명해지기 시작했습니다.

여기서 여러분께 자신 있게 말씀드릴 수 있는 것은, 전 매일 정화와 소통을 했다는 것 그리고 안 된다고 포기하지 않았다는 것입니다.

그리고 내면과의 소통은 두 가지가 중요합니다.

끊임없이 올라오는 내면의 느낌들을 객관적으로 분리시켜놓고 관찰할 수 있는 것 그리고 내 안의 사소한 그 느낌들을 존중해주고 믿어주는 것입니다.

'그냥 내 생각일 뿐이야. 내 상상이야. 내가 만든 거야.'

네. 맞습니다. 내 생각, 내 상상, 내가 만든 것….

하지만 중요한 것이 있습니다. 저의 케오라는 그리고 여러분의 영감적인 부분은 남의 부분이 아닙니다.

오히려 가장 때 묻지 않은 본연의 '나' 다운 '나'입니다.

우리는 나의 내면에서 남의 목소리를 들으려고 쫓아갑니다.

그러면 결코 나의 내면을 찾을 수가 없을 것입니다.

그냥 그 기준을 낮추십시오.

내 안에서 일어나는 자연스런 내 생각들, 내 느낌들 속에서 영감적인 메시지를 걸러내고 찾는 것입니다.

여기에 저는 한 가지 더 붙이고 싶습니다.

꼭 잠재의식이 보내는 영감적인 메시지가 아니면 어떻습니까? 그 생각이 그 메시지가 잠재의식이 아니라 나의 심층의식 속에서 일어나는 것이면 어떻습니까?

가장 순수한 부분도 '나'이고, 가장 때 묻고 상처받은 부분도 '나'인걸요.

내면에서 들려오는 메시지나 느낌엔 두 가지가 있습니다.

하나는 나의 본질(잠재의식)에서 들려오는 영감, 또 하나는 심층의식에서 들려오는 생각이란 것입니다.

우리의 현재의식은 내면을 바라볼 때 한길만을 봅니다.

영감의 길이 따로 있고 기억의 길이 따로 있는 게 아닙니다.

다시 말해 기억의 덩어리가 크면 그 뒤에 있는 본질의 영감은 가려져서 보이지도 들리지도 않는다는 것입니다. 그리고 또 안타까운 점은 우리의 현재의식은 무엇이 잠재의식인지 무엇이 심층의식인지 명확하게 구분해 낼 수가 없다는 것입니다.

그래서 제가 늘 강조 드리는 게 있죠. 정화, 정화….

내면의 정화가 우선으로 되지 않는 소통은 사실 기억, 즉 심층의식과의 소통일 뿐입니다.

하지만 기억과의 소통이 아무런 의미가 없는 것은 아닙니다.

기억과의 소통은 곧 그 기억을 존중하고 인정하고 보듬어주는 것입니다. 기억과의 소통이라 하더라도 그 자체로도 또 다른 정화가 될 수 있습니다.

나의 가장 아프고 상처받고 모순되고 못난 부분에게 관심을 가지고 말을 걸고 존중해주는 것이니까요.

그러다 보면 서서히 내면에서 영감의 메시지가 자연스럽게 섞이게 됩니다.

저 또한 아직 많은 기억들과 정보들 그리고 그 속에서 생겨난 감정 덩어리들이 존재합니다.

예전에는 그 속에서 이런 것들은 무시하고 오직 영감의 목소리만 중요하다고 믿고 소통을 했었습니다. 뭐가 뭔지 구분도 안 되면서 때로는 실망하고 때로는 경이로워하면서 실망하지 않기 위해서 정화를 더 열심히 했었습니다. 나의 기억과 영감 사이에서 오직 영감의 소리만 듣기를 기대하면서 열심히 정화를 했었습니다.

하지만 지금의 저는 조금 변했습니다.

기억의 소리도 영감의 소리도 '나'라는 것….

잠재의식(영감)의 메시지는 소중한 것입니다.

왜냐하면 창조적이고 순수한 나를 만들어가는 부분이니까요.

심층의식(기억)의 메시지 또한 소중한 것입니다.

왜냐하면 내가 안아주고 정화해줘야 할 나의 부분이니까요.

똑같이 소중한 나의 부분입니다.

똑똑하게 정화하려고 하지 마세요. 딱 부러지게 야무지게 소통하려고 하지 마세요.

그 똑똑함과 야무짐에 오히려 걸려 넘어질지도 모릅니다.

그냥 논리적으로 따지지 말고 정화하고 소통하세요. 그냥 아름다운 미용고사를 쓰면서 사세요.

기대하지 말고 나 자신에게 끊임없이 묻고 말하세요.

남에게 '나 힘들었어. 어떻게 하는 게 좋을까?'라고 묻는 대신 나 자신에게 말해보세요.

그 중요한 결정을 남에게 의존하려 하지 말고 내 안의 목소리를 따라가세요.

어차피 우리의 현재의식으로는 그 결정의 결과를 미리 알지 못합니다. 그럴 바에는 잘되든 못되든 남의 탓 하지 말고 내 마음이 시키는 대로 가십시오.

알고 보면 별거 아닌데 환상을 가지고 보니 보일 리가 있나요. 말 그대로 환상인 거죠.

어렵게 생각하면 어려워질 것이고 쉽게 생각하면 쉽게 될 것입니다.

언젠가 제가 케오라에게 물은 적이 있습니다.

"케오라! 정말 영감이랑 기억이랑 구분할 수 없는 걸까?"

"순수함이 물으면 순수함이 답할 것이고 기억으로 물으면 기억이 답하겠지. 고요함이 물으면 고요함이 답할 것이고 감정이 물으면 감정이 답하겠지."

결과가 중요한 것이 아니라 지금 그 질문을 하고 있는 내 모습이 중요하다는 것입니다.

천사들이 들려주는 이야기 27
** 창조의 공식

E(에너지) = M(질량) × C2(빛의 속도)

너무나도 유명한 아인슈타인 공식입니다.

언젠가 책에서 이 공식을 대중기도의 힘에 적용해서 '기도의 힘 = 사람들의 수 × 의식'이라고 풀이해놓은 걸 본 적이 있습니다.

'아~ 그럴 수도 있겠구나'라고 생각하며 넘어가려는 찰라 케오라가 저의 의식을 붙잡고 이 공식에 더 큰 비밀이 있노라고 말했습니다.

케오라가 말한 이 공식에 대한 풀이는 이러했습니다.

E	=	M	×	C2
에너지		질량		빛의 속도
창조에너지		고밀도, 고농축		의식의 초점
		집중과 반복		

케오라는 세상 모든 창조들이 이 공식에 의해 나온다고 합니다.

의식에 명확한 초점이 맞추어져 있고 그 초점이 반복과 집중을 통해 고밀도, 고농축 상태가 되면 어느 순간 창조의 에너지가 생기게 되고 그러면 그 에너지가 현실 속에 어떤 사건, 물질 등을 형상화 시킨다고 합니다.

우리가 알고 있는 '시크릿'이나 흔히 들을 수 있는 '뜻이 있는 곳에 길이 있다', '생각대로 이루어진다' 등의 말들… 결국은 창조에 관련된 이런저런 테크닉이나 단서들이 사실 이 공식 안에 다 있다고 합니다.

어떤 상황에서도 흔들리지 않는 초점이 있다면 그리고 그 초점에 나의 모든 힘을 실어 집중할 수 있다면 결국 이 세상에 이루어지지 않는 일은 없다는 것입니다.

그런데 놀라운 사실은 우리 모두가 인식을 하건 하지 않건 늘 이 공식으로 인생을 만들어내고 있다는 것입니다.

어떻게 이 공식을 사용하고 있는지를 단계별로 정리해보면 다음과 같습니다.

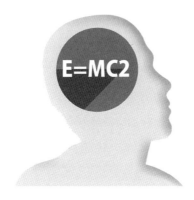

우선 1단계입니다. 의식적으로 전혀 의도하지 않고 사용하고 있는 상태입니다.

우리는 늘 생각 속에 살고 있습니다. 이 생각은 초점을 만들어내게 됩니다.

'아~ 짜증 나. 진짜 짜증 나는 일밖에 없네.'

이런 짜증이라는 초점이 만들어지고 오랜 시간 반복 집중하게 되면 당연히 짜증이라는 에너지가 형성되고 이 에너지는 이 사람의 인생에 짜증스런 일들을 만들어내게 되는 것입니다.

마찬가지로 '하는 일마다 나는 되는 게 없어', '나는 늘 외로워' 등의 습관적으로 반복해왔던 생각들도 거기에 맞은 에너지와 일들이 창조되어지는 것입니다.

참 무섭지 않습니까? 이쯤에서 '아이쿠 다음부턴 좋은 생각만 해야겠다'라고 결심을 하시는 분들이 계실 것입니다.

그럼 이제 2단계로 넘어가겠습니다.

이 단계에는 의도적으로 이 공식을 쓰기 시작합니다.

앞의 실수를 깨닫고 자신의 인생을 스스로 만들어내겠다고 다짐하는 단계이죠. 보통 이 단계에서 많이들 하시는 것이 '시크릿' 같은 소원 이루기, 긍정의 힘으로 인생 변화시키기 등입니다. 하지만 결코 쉬운 일은 아닙니다.

짜증만 내오던 사람이 2단계로 넘어와서 큰 결심을 한다고 가정해 봅시다.

'난 기분 좋아. 늘 기분 좋은 일만 가득해.'

초점을 잡았지만 이 사람의 심층의식은 은밀하게 속삭입니다.

'왜 거짓말을 하고 있어? 오늘도 와이프랑 한바탕 했잖아. 기분 좋은 일이 뭐가 있었어?'

불편한 내면의 진실이 초점을 흐트려놓을 것입니다.

'난 부자야. 난 부자야.'

초점을 잡아보지만 역시나 심층의식이 끼어듭니다.

'내가 부자가 아니니까 부자를 바라는 거지. 진짜 부자면 왜 이렇게 애를 쓰겠어? 돈이 없으니까 별짓을 다 하게 되네'라며 초점을 흐트려놓기 일쑤입니다.

그럼 이번에는 의지가 아주 강한 사람이 심층의식의 소리까지도 잠재우고 명확한 초점을 맞추었다고 가정해보겠습니다. 그럼 이제 그 강한 초점을 반복 집중하기만 하면 되겠네요.

하지만 이것 또한 잘 될까요? 하루도 지나지 않아 연이어 일어나는 짜증스런 일들 앞에 포기하고 말지도 모릅니다. 부자에 초점을 맞추어서 반복해 보지만 계속되는 빚 독촉과 고지서에 반복하기가 너무나 어려울 것입니다.

이 모두가 안과 밖이 다르게 움직이니 일어나는 일들입니다.

현재의식은 변하려고 하지만 심층의식은 변하고 싶어 하지 않습니다. 그래서 갈등이 일어날 수밖에 없는 것입니다.

그럼 이번에는 3단계로 넘어가 보겠습니다.

정화를 열심히 해서 심층의식 속에 있는 짜증이나 결핍의 기억을 정리하게 되면 이 단계로 넘어오게 됩니다.

이렇게 안과 밖이 같고 하얀 종이처럼 내면이 깨끗하니 이제는 정말로 이 공식으로 멋진 것을 창조해내기만 하면 될 것 같습니다.

그런데 여러분! 과연 지금 바라고 있는 그 소원이 그 일이 정말 자신에게 유리하다는 것을 어떻게 알 수 있습니까?

아마 '또야? 또 뭐야'하면서 흥분하는 분들이 계실 것 같습니다만 필자는 다시 한 번 불편한 진실을 얘기해야 할 것 같습니다.

언젠가 읽었던 책에 이런 글이 있었습니다.

한 여자아이의 꿈이 프랑스 파리에서 사는 것이었다고 합니다.

그래서 그 아이는 밤마다 신에게 기도를 드렸습니다.

'제발 멋진 에펠탑이 보이는 파리에서 살 수 있게 해주세요.'

어느덧 세월이 흐르고 어른이 된 여자아이는 마침내 그 소원을 이룰 수 있는 기회 앞에 서게 되었습니다. 바로 외국 지사에서 일을 할 수 있는 회사에 취직을 한 것입니다.

하지만 결정적인 순간에 파리가 아닌 뉴욕지사로 발령이 나버렸습니다.

당연히 여자는 실망했고 신을 크게 원망하게 되었습니다.

'신은 나를 배신했어. 아니 내 소원을 듣지도 않았을 거야!'

하지만 결국 이 여자는 뉴욕에서 자신에게 맞는 새로운 천직을 찾게 되고 또 인연을 만나 평생을 너무나 행복하게 살게 되었습니다. 그리고 인생의 말년에 이런 말을 하게 됩니다.

'그때 신이 나를 파리가 아닌 뉴욕으로 보낸 건 내 인생의 가장 큰 축복이었어'라고 말입니다.

지금 내가 소원하는 그 일이 정말 나에게 유리한 것인지는 내 인생 전체를 보고 있는 나의 잠재의식만이 압니다.

이제 마지막 4단계로 넘어가겠습니다.

이렇게까지 알고 나니 더 이상 무엇인가를 바란다는 게 허무해질지도 모르겠습니다.

그렇다고 의식적으로 아무런 노력도 하지 않고 사는 게 정답일까요?

아닙니다. 우리 현재의식이 인생을 위해서 이 공식을 제대로 써야 하는 부분이 있습니다.

바로 정화와 소통에 이 공식을 쓰는 것입니다.

골치 아픈 수많은 일들 하나하나에 신경 쓰지 말고 정화와 소통에만 초점을 맞추고 반복해나가다 보면 알아서 잠재의식이 이 공식을 나를 위해 사용하기 시작합니다.

우리의 현재의식은 정화와 소통에 이 공식을 쓰고, 구체적인 인생의 것들은 잠재의식이 알아서 이 공식으로 만들어내게끔 하면 되는 것입니다.

정화와 소통에 초점을 맞추는 일은 그리 어렵지 않습니다.

그냥 내 상황을 받아들이고 안아주는 겁니다. 슬픈데 억지로 기쁘다고 말하는 게 어려운 것입니다.

'너무 슬퍼. 너무 힘들어. 하지만 이런 모습 또한 내 기억의 일부야. 정화하고 나아가는 과정일 뿐이야. 이게 전부도 아니고 이게 끝도 아니야.'

'이것 또한 나에게 결국은 가장 유리한 일들이야. 지금 이일 또한 가장 이

시기에 완벽한 과정의 일부야. 힘내자.'

때 묻고 상처받은 내 모습을 인정하고 감싸주고 위로해주면서 정화와 소통을 이어나가는 것입니다.

언젠가 제가 케오라에게 물은 적이 있습니다.

"케오라! 정말 인생의 진실이 뭐니? 뭐가 거짓이고 뭐가 진실이야?"

케오라는 이렇게 답하더군요.

"믿으면 진실이 되지.

의식적으로 절대적인 진실을 알고자 하는 건 참 힘든 일이야.

현재의식이 믿으면 거짓도 진실이 되고, 현재의식이 믿지 않으면 진실도 거짓이 되어버려.

그렇게 진실은 인생이 되고, 결국은 네가 믿는 만큼이 네 인생이 되는 거야. 그리고 눈앞에 버젓이 보이는 진실도 내가 거짓이라고 단정 지으면 힘을 잃고 사라지게 되지. 결국은 내가 아니라고 하면 소멸되는 거야.

그러니 가장 중요한 건 무엇이 진실이고 무엇이 거짓인지 밝혀내는 게 아니야.

나에게 유리한 건 진실로 만들고 나에게 불리한 건 거짓으로 만들 줄 아는 지혜로움이야."

여러분에게 가장 유리한 것은 내 인생의 전문가인 잠재의식을 믿고 가는 것입니다.

그 믿음이 신념이 되고 그 신념이 사실이 되면 비로소 기억 속에 위태롭게 헤매던 내 인생이 진짜 모습을 찾아가기 시작합니다.

정화와 소통의 길을 가다 보면 내가 그동안 놓지 못했던 집착의 초점들이 저절로 힘이 빠지게 되고 내가 집중하려고 애쓰지 않아도 자연스럽게 집중되는 것들이 생겨나게 됩니다.

그것이 바로 우리의 본질 속에서 나의 잠재의식이 나를 위해 창조해내고 있는 것들입니다.

그것은 너무나 자연스럽게 너무나 당연한 듯이 내 인생 속에서 가장 알맞은 때에 나타나기 시작합니다.

이전 강의에서 어떤 분이 이런 질문을 하셨습니다.

"그럼 선생님! 우리는 꿈이란 것도 가지면 안 된다는 겁니까? 그럼 인생이 너무 허무해질 것 같은데요."

"네. 꿈을 가지세요.

단, 평생 뜬구름처럼 잡히지 않는 꿈이 아니라 진짜 이루어질 꿈, 그리고 이 상황 저 상황에서 바뀌는 꿈이 아니라 내 인생을 두고 변하지 않을 꿈.

그리고 이루고 나서 뭔가 허전해 또 다른 것을 바라보는 게 아니라 아~ 더 이상 바랄 게 없구나 하며 완벽하게 만족할 수 있는 꿈을 가지세요.

나의 이기적인 꿈이 주변을 망가지게 하는 것이 아니라 나의 바람대로 했을 뿐인데 주변까지 함께 빛나는 꿈을 가지세요.

그런 꿈은요. 바로 우리의 본질 속에서 나오는 꿈입니다. 정화하면서 소통하다 보면 가슴 깊은 곳에서 차오르는 꿈이 생기게 됩니다. 그게 진짜 나의 꿈이고 내 인생의 목적입니다."

천사들이 들려주는 이야기 28

** 사물과의 소통

    살을 에는 듯한 추위도, 알록달록 눈부시게 예쁜 봄꽃들도, 숨 막히게 조여 오는 한여름의 열기도, 자연은 무엇 하나 멈추는 것 없이 유유히 흘러갑니다. 우리 인생도 자연의 일부이니 고통스런 지금도, 들떠서 설레는 지금도 유유히 흘러가고 있겠죠. 우리 의식이 붙잡고 늘어지지만 않는다면 말입니다.

    이번 장에선 특히 '호오포노포노'를 실천하는 많은 분들이 궁금해하시는 사물과의 교감에 대해 이야기해볼까 합니다.

    저의 사물과의 첫 교감은 서울에서 부산으로 오는 KTX 기차였습니다.

    '호오포노포노'의 휴렌 박사님도 하시는데 나도 해볼까 하는 호기심으로 기차에게 "안녕?"하고 인사했습니다. 그러자 알 수 없는 느낌이 일어나는 것입니다. 그것은 뭔가 당황스러워하는, 그리고 어리둥절해 하는 느낌이었습니다.

    그 느낌 속에 들어간다는 생각으로 집중을 해보니 곧 그것은 "뭐지? 방금 나한테 뭐라고 한 거야?"와 같은 대화처럼 느껴졌습니다.

    그래서 저도 신속히 마음으로 얘기했습니다.

    "인사한 거야. 부산까지 태워줄 너에게 너무 고마워서."

    그리고 다시 느껴보니 "우와~ 이런 식으로 말을 거는 사람은 네가 처음이야. 이럴 수도 있구나"와 같은 대답이 느껴졌습니다.

    이것이 바로 저의 첫 사물과의 교감이었고, 그 후로 수많은 경험들을 하게 되었습니다.

사실 사물과 교감을 하면서도 마음 한편으론 '말도 안 돼. 어떻게 이럴 수가 있지. 망상이야'라는 생각이 늘 존재해왔던 것 같습니다.

그러던 중 제 지인 중에 한 분이 '정신물리학'이라는 책을 저에게 건네면서 자신이 읽으니 도저히 이해가 안 간다며 제가 읽은 후에 설명을 좀 해달라고 했습니다.

그렇게 읽게 된 그 책의 내용 중에서 유독 인상 깊은 부분이 있었습니다.

'의식'이란 것에 대해서 수많은 정의가 내려질 수 있지만 만약 의식이 '어떤 자극에 대해 반응을 하는 상태'라고 정의를 내려 본다면 이 세상 어떤 사물이나 동식물은 말할 것도 없이 모두 '의식체'라고 말할 수 있다는 것이었습니다. 그것도 그럴 것이 사실 책상 같은 물질도 쪼개고 또 쪼개다 보면 원자, 전자의 상태가 되고 그 상태에서 열과 같은 자극을 주었을 때 전자가 격렬히 튕겨 나가는 반응을 보인다는 것입니다. 물질도 우리의 감각으로만 보이지 않을 뿐이지 어떤 자극에 틀림없이 반응을 하고 있다는 것입니다. 그리고 그 반응의 적극성에 따라 하등의 의식체에서 고등의 의식체로 분류할 수가 있다고 되어있었습니다.

제가 얼마 전에 소개했던 물의 결정체 또한 그것을 대하는 사람의 마음이나 말에 따라 아주 큰 반응을 보인다고 했었습니다. 식물, 음식 또한 마찬가지 실험이 있었다고 하구요.

물론 그 책 저자의 논리가 절대적인 기준이 있는 것은 아닐 테지만 그래도 그 부분을 보면서 막연하게 호오포노포노에서 '사물과 대화하세요'하던 것에서 조금은 '아~ 그럴 수도 있겠구나'하는 논리적인 수긍과 인식을 했던 기억이 납니다.

그리고 언젠가 인터넷에서 아주 흥미로운 실험에 대한 기사를 본 적이 있습니다.

프랑스의 르네라는 의사가 무려 20년 가까이 장기간에 걸쳐서 했던 실험이었는데 그 내용을 간략히 요약하자면, 무작위의 경로로 랜덤하게 움직이는 로봇의 근처에 그 로봇을 어미로 각인시킨 병아리를 가져다 놓았는데, 무작위로 움직이던 로봇의 동선이 병아리 근처로 집중되는 현상이 나타나더라는 것입니다. 장기간에 걸쳐 다양한 방식으로 반복했던 실험들에서도 동일한 결과가 나왔다고 합니다. 그 실험의 결론은 바로 병아리의 마음의 힘이 로봇의 동선에 영향을 주었다는 것입니다. 다시 말해 기계일 뿐인 로봇이 엄마를 찾는 병아리의 에너지에 마치 교감을 하듯이 물리적인 반응을 보였다는 것입니다.

제가 이 말을 드리는 이유는 마음속에 '이건 안돼. 이런 일은 있을 수가 없어'라고 생각하는 상태에선 교감이 힘들기 때문입니다. 믿는 만큼이 진실이 됩니다. 내 안에서 사실이 되면 그것은 현실에서도 사실이 되는 것입니다.
'사물과 교감을 한다'라고 하면 참 특별한 경지에 있어야 하나보다 라고 생각하시는 분들도 있으실 겁니다.
하지만 사실은 그렇지 않습니다. 자신과의 소통이란 것도 의식적인 인식이 부족했을 뿐 알고 보면 늘 하고 있었던 것과 마찬가지로 사물과의 교감 또한 우리의 현재의식이 섬세하게 인식하지 못했을 뿐이지 얼마든지 마음을 열면 그들의 에너지를 느낄 수가 있습니다.

처음부터 대화를 하려고 시도하지 마세요. 그냥 그들이 뿜어내는 에너지를 느껴보세요.
어느 공간에 들어섰을 때 숨이 탁 막히는 듯한 불쾌한 느낌이 들었다거나, 유독 많은 화분들 중에서 눈길이 한 번 더 가는 식물이 있었다거나, 내가 가지고 있었던 물건들 중에 지니면 왠지 기분이 좋은 것들이 있었거나, 어느 바다, 어느 산, 어느 장소에만 가면 뭔가 시원해지며 재충전되는 느낌이 들었다거나, 사실 이렇게 우리는 이미 그들과 소통을 하고 있었습니다.

다만 늘 그렇듯이 내 의식의 기대가 너무 큰 것을 바라거나 또는 그냥 지나쳐버려서 모를 뿐이었죠.

처음에는 이렇게 느끼는 것으로 시작해보세요. 그리고 그 느낌에 온전히 들어간다는 생각으로 내 마음을 비워보는 겁니다. 그렇게 내 머릿속의 잡념이 조금씩 사라지게 되면 그들의 느낌은 더욱 선명해질 것입니다.

사실이 아니면 어떤가요. 망상이고 상상이면 어떤가요. 바보 같아 보이면 어떤가요.

이런저런 생각의 틀들을 벗어버리고 그들과 눈높이를 맞춰보는 겁니다.

그리고 마음으로 대화를 시도해보세요. 반응이 없어도 괜찮습니다.

아니 어쩌면 내 마음이 아직 듣는 데 익숙하지가 않을 뿐일 수도 있습니다. 그냥 툭 하고 던져놓고 기대 없이 있다 보면 어느 순간 툭 하고 내 마음으로 느낌이 전해져 올 것입니다.

사물과 교감을 하다 보면 각자 특성이 있음을 알 수가 있습니다.

어떤 것은 거친 듯한, 또 어떤 것은 상냥한 듯한, 어떤 것은 여성적인 듯하고, 또 어떤 것은 남성적인 듯하고, 사람의 손길이 닿지 않을수록 뭔가 순수한 느낌이 강하고 사람들의 손길이 많이 닿은 것일수록 각각의 특성이 강한 듯했습니다.

그것에 대해 케오라에게 물어보니 사람들이 가지고 있는 에너지가 그 사람의 물건에도 실려서 그렇다고 이야기하더군요.

예를 들어 똑같은 물건들도 그것을 만드는 사람이 그 물건을 만드는 순간에 굉장히 부정적인 에너지를 가지고 있었다면 그 물건에도 그것이 묻혀 있을 수 있다는 것입니다.

또한 누군가가 전해주는 선물이나 편지 등에도 그것을 준비하고 써내려

간 사람의 정성스런 에너지가 고스란히 실리게 된다고 했습니다.

이 말은 또한 어떤 물건이든 내가 정화의 에너지를 집중해서 넣어주면 최고의 정화 물건이 될 수도 있다는 것입니다. 흔히 보게 되는 부적이나 기존에 팔리고 있는 정화물품들도 그런 맥락이 아닐까 합니다.

실제로 어느 기사에서, 큰 병에 시달리고 있던 사람에게 생명의 에너지를 넣은 돌을 선물하였더니 그 돌을 소중하게 지니고 다녔던 그 사람의 병이 거짓말처럼 나았다는 사연을 본 적이 있습니다.

내 곁에 늘 있는 소중한 물건이나 동식물에게 사랑과 생명의 에너지를 창조해주세요.

진심 어린 마음으로 집중하면 그들은 나의 에너지 속에서 깨어나 나와 연결될 것입니다.

얼마 전 제가 아는 분에게 책을 빌린 적이 있었습니다. 그 책을 읽는 동안 계속해서 "조심조심. 깨끗하게 봐줘. 조심조심"이라는 메시지가 느껴졌습니다.

읽는 제가 부담스러울 정도였습니다.

그렇게 조심스럽게 책을 다 읽고 돌려주면서 그분에게 이 이야기를 했더니 박장대소를 하시면서 하는 말이 자기는 원래 책을 엄청 아낀다는 것입니다. 책을 아끼는 그분의 에너지가 그 책에 실려 저에게 그것을 전달했던 것입니다.

여전히 '사물과의 교감은 힘들어. 난 안될거야'라고 생각하시는 분들이 계신가요.

생각보다 쉽습니다.

어렵다고 생각한다면 그건 여러분의 기준이 까다롭기 때문입니다.

실제로 제 주변에는 많은 분들이 사물과의 교감을 느끼기 시작하면서 벅찬 감동이었음을 전해옵니다.

저에게 책을 빌려주었다던 그분은 자신이 매일 타고 다니는 차와 교감을 하고 있습니다. 매일 주차할 곳을 물어보고 차가 이끄는 대로 가면 늘 주차 공간이 생긴다면서 신기해하셨습니다.

그리고 다른 분 또한 자신의 차와 교감을 하고 있는데 자신이 타면 아주 즐거워하고 급한 마음에 불법을 저지르면 차가 싫어하는 게 금방 느껴져서 요즘은 조심스럽게 운전하신다고 합니다.

그 외에도 문득 자신의 에어컨이 전날 있었던 어떤 트러블에 대해 미안해하고 있는 느낌이 강하게 들더라는 분도 계셨습니다.

이렇게 조금만 의식이 물러서서 생각을 멈추게 되면 우리는 아주 많은 것들을 느낄 수가 있습니다.

그들을 느낀다는 것은 곧 정화를 말합니다. 그리고 서로 소통하며 하는 정화는 훨씬 더 강력합니다.

누군가 똑똑한 사람이 저에게 "사물과의 소통이 가능하다는 걸 증명해보세요"라고 한다면, 전 할 수 없습니다. 또한 당신이 하고 있는 그 소통이 실제 사물이나 동식물에서 온 것인지 아니면 당신 안의 상상에서 온 것인지 어떻게 아느냐고 묻는다면 그 또한 저는 모른다고 답할 수밖에 없습니다. 그리고 실제로 증명할 수 없는 이 교감들이 어쩌면 저의 상상에서 나온 것일지도 모릅니다. 아니 전부는 아니더라도 일정 부분 저의 어떤 정보와 섞여 있을지도 모릅니다. 제가 완벽히 순수하지는 않으니까 말입니다.

하지만 이글에서 중요한 것은 증명이나 사실 여부를 따지는 게 아니라고 말씀드리고 싶습니다. 저는 과학에 대해서 말하고 있는 것이 아니거든요.

우리는 분석하고 증명하고 따지면서 놓치고 사는 것들이 너무나 많습니다.

힘들 때 손잡아주는 상대의 따뜻한 체온을 어떻게 증명할 수 있을까요?

시원한 바람이 주는 이 상쾌한 느낌을 어떻게 분석해서 논리적으로 설명할 수 있을까요?

우리는 어쩌면 머리로 논리로 생각으로 걸러내면서 정작 느껴야 할 소중한 것들을 많이 놓치고 있을지도 모릅니다.

사물을 깨어날 수 있도록 에너지를 창조할 수 있다면….

그리고 그 사소한 느낌에 집중하고 정화해줄 수 있다면….

그런 일을 자연스럽게 할 수 있다면….

그런 당신은 당신의 인생 또한 변화시킬 수도 정화할 수도 있다는 것을 의미합니다.

그리고 직접 체험해보시기 바랍니다. 이런저런 목적을 다 배제하고 말입니다

그들을 느끼고 정화하는 그 신비스런 희열은 보이는 게 다라고 생각했던 우리의 의식을 깨어나게 합니다. 그게 바로 진정한 힐링이 아닐까 싶네요.

그들이 들려주는 이야기 3

** 권동현 님

제 잠재의식의 이름은 '내사랑'입니다.

언제나 저의 현재의식보다 월등히 더 폭넓은 사랑과 지혜로 저를 안내합니다.

제가 내사랑을 몰랐던 과거에도 내사랑은 저와 함께 했었고, 앞으로도 저와 함께 소통과 정화를 해나갈 것을 알기에 언제나 감사하고 사랑할 뿐입니다.

어느 날, 아인슈타인의 공식에 숨겨진 비밀이 있다고 '핑크돌고래'님께서 설명을 해주었습니다. 바로 이 책 '천사들이 들려주는 이야기'에도 나오는 내용입니다.

처음에 이 공식을 들었을 때는 '이럴 수도 있겠구나'라고 하고 그냥 넘겼습니다.

그런데 이 공식을 볼 때마다 '케오라'가 말한 엄청난 비밀이 숨겨져 있다는 것을 알게 되었습니다.

$$E = M \times C2$$

창조의 에너지   집중과 반복   의식의 초점

"내 의식에 초점이 있고, 계속해서 집중하고 반복하면 창조의 에너지가 생긴다."

'내가 의식하고 있고, 집중하고 반복하면 새로운 창조의 에너지가 생긴다고? 내가 어디로 향해 초점을 맞출지 그것이 중요하구나. 그럼 나는 사물과 소통을 해봐야겠다'라는 생각에 일상생활에 이 공식을 사용해보기 시작하기로 마음먹었습니다.

날씨가 화창하게 좋은 날, 강아지들 산책을 시키기 위해 집 앞에 있는 '천성산'을 향했습니다.

제가 천성산에게 던진 첫 마디는 그냥 인사뿐이었습니다.

"안녕하세요? 오늘 날씨가 정말 좋습니다. 당신은 더욱더 당당하고, 멋져 보입니다. 여기서 강아지들과 놀다 갈게요."

"………."

돌아오는 대답은 없었습니다. 아니 어쩌면 '못 알아들었다'가 정확한 표현일 겁니다.

그리고 몇 번 더 천성산을 향해 인사를 했지만, 여전히 아무것도 알아들을 수 없었습니다.

그래서 '핑크돌고래'님께 하소연하기 시작했더니, 꾸준히 해보라는 대답을 받았습니다.

'그래, 겨우 몇 번 했을 뿐이잖아? 내가 알아들을 수 있을 때까지 반복해보는 거야.'

그렇게 인사를 한 지, 한 달 정도 되었을 무렵의 어느 날이었습니다.

"천성산 할아버지~ 오늘도 안녕하시죠?~ 좀 추운 날씨지만, 정말 기분 좋은 날씨예요. 좀 춥지만 든든한 천성산이 있어 좋습니다~~ 오늘도 놀다 가 갈게요. 늘 감사합니다."

"아직도 내 말을 못 알아듣는 거냐?"

"네??? 지…금… 제가 말을 알아듣고 있는 건가요? 이건 내 생각인가요? 아니면 정말 알아듣고 있는 건가요?"

"나는 네가 처음 말을 걸었을 때부터 대답을 해주었다. 이제야 내 말을 알아듣는구나. 허허허"

제 개인적으로 이것이 천성산과의 첫 대화의 시작이었고, 이후 다양한 사물들과 소통을 시작하게 된 계기가 되었습니다.

천성산과 어렵게 대화를 시작했지만, 딱히 뭐라고 할 말은 없었습니다.

지금 계속 대화를 이어가지 않으면, 두 번 다시 기회가 오지 않을지 모른다는 불안함에 그냥 떠오르는 질문을 이어나갔습니다.

"'천성산'의 뜻은, '천명의 성인이 나와서' 천성산이라고 하던데, 정말인가요?"

"성인? 그것이 뭐지?"

"음~(사실 엄청 당황했습니다. 이런 질문이 돌아오리라고는 상상도 못 했기 때문이었지요.) 저도 잘 모르지만, 깨달은 사람? 이것이 성인이 아닐까요?"

"깨달은 사람이라? 글쎄… 많은 사람들이 나를 지나쳐갔지. 그런데 말이지, 깨달은 사람이라… 글쎄… 인간이 말한 깨달은 사람은 무엇이냐?"

"음~ 모든 것을 다 아는 사람? 부처? 예수? 잘 모르겠어요."

"인간들은 각자 하나씩 뭔가를 깨달았다고 하고 간 사람들이 많이 있었지. 하지만 내가 볼 때 깨달은 사람이라… 과연….'

"………."

이날 이후 저는 깨달음이란 무엇인지 궁금해지기 시작했습니다.

그리고 몇 달 뒤, 아주 오래전에 읽었던 '김동인'님의 『무지개』라는 책의 내용 중 일부를 저의 잠재의식인 '내사랑'이 떠올려주면서 저에게 설명을 해주었습니다. 그 책의 내용은 대강 이렇습니다.

어린 소년이 무지개를 잡으러 먼 길을 떠납니다. 무지개를 잡는 것을 포기하고 산에서 내려오는 사람도 있고, 무지개를 잡았다고 하고 내려오는 사람들도 있었습니다. 결국 이 소년이 무지개는 잡을 수 없다는 것을 알게 되는 순간 노인으로 늙어버리는 내용의 글입니다.

행복이라는 것은 잡을 수 없이 허무하다는 것, 포기하지 않는 의지에 대한 것, 마지막으로 꿈을 잃으면 더 이상 청춘이 아니라는 것 등에 대해 이야기를 담고 있는 책의 내용입니다.

책의 일부분 중 무지개를 잡았다고 하고 내려오는 소년들은 그것이 진짜 무지개가 아니라 깨어진 기왓장을 무지개라고 가지고 왔으며, 어떤 소년은 반짝이는 유리조각이 무지개라고 가지고 오면서 행복해했습니다.

"깨달음이란, 그들 각자가 말하는 그 기왓장이고, 그 유리조각이다."

제가 궁금했던 '깨달음'이라는 것에 대한 내사랑의 대답이었습니다.

물론 사람마다 각자의 깨달음이라는 지식과 목표가 모두 다 다를 것이라고 생각합니다. 내사랑의 대답이 반드시 옳다는 것은 아닙니다. 이 대답은 저만의 철저한 1:1 맞춤식 대답이기 때문입니다.

다시 앞으로 돌아가, 저에게 이 '창조의 에너지' 공식은 엄청나게 획기적인 것이며, 그 무엇보다도 왕성한 소통의 도구로 사용되어지고 있습니다.

저의 자동차와도, 알프스의 멋진 산과도, 바티칸 성당의 예수님과도, 어느 작은 사찰의 부처님과도 말입니다. 물론 이 모든 소통이 100% 진실이라고 말씀드릴 순 없습니다.

저 또한 오랜 기억과 심층의 감정들로 많은 정화가 필요하기 때문입니다.

그렇지만 분명한 건 더 많은 것들과 활발하게 소통할 수 있었던 것은 케오라가 알려준 '창조의 에너지' 공식 덕분이었다는 것입니다. 그리고 이 공식에 엄청난 비밀이 있다는 것은 분명합니다.

이 공식 하나면 수많은 것들에 대해 설명이 가능해지며, 누구나 쉽게 이것을 적용할 수 있을 것입니다.

가볍게 예를 하나 들어보겠습니다.

우리 집 강아지에게 늘 아무런 생각 없이, 별 감정 없이 대한다면 아마도 강아지는 저에게 데면데면할 것입니다.

하지만 저는 우리 강아지들에게 이런 생각들을 보냅니다. '고맙다. 사랑한다'라고.

그러면 나의 생각은 강아지들에게 전달이 되고, 강아지들은 저에게 사랑의 메시지를 보냅니다.

그리고 저에게 이렇게 이야기를 합니다. "나도 사랑해"라고 말입니다.

개인적으로 저는 상담을 하는 직업을 갖고 있으며, 상담과정에서 접하는 많은 분들이 이런 이야기를 합니다.

"엄마가 늦은 시간에 귀가를 하니, 우리 아이가 불쌍해요."

"우리 애는 아빠를 닮아서 저 모양입니다."

"우리 남편은 나를 괴롭히지 못해서 안달입니다."

"나는 살고 싶은 생각이 전혀 없어요. 왜냐하면 나는 살 가치가 없기 때문이지요."

"나는 인생의 실패자입니다."

물론 이 말들이 모두 의미 없다는 것은 아닙니다.

분명 누군가에게는 엄청난 충격일 것이고, 어떤 사람에게는 죽고 싶을 만큼의 고통일 수 있습니다.

그러나 여기에 우리가 이 창조의 공식을 대입시켜 본다면 어떨까요?

엄마를 기다려서 불쌍할 것 같은 우리 아이에게 사랑의 에너지를 지속적으로 보낸다면 우리 아이는 불쌍한 아이가 아닌, 그 누구보다도 멋진 아이가 되어있을 것입니다.

핑크돌고래님의 '창조의 에너지' 공식에 따르면, 이것은 비단 사물과의 대화에서 뿐만이 아니라 동식물과의 소통을 넘어 그 어떠한 모든 것에도 적용될 수 있습니다.

그것은 나의 인생에 있어서 전반적인 목표, 나의 잠재의식과의 소통은 물론, 나의 심층, 더 나아가 나의 카르마와 관련된 기억과 감정들까지 모든 것에 적용될 수 있을 것입니다.

제 인생에 있어 더욱더 원활하게 소통할 수 있도록 '창조의 에너지' 공식을 가르쳐준 케오라에게 감사드립니다.

그리고 완벽하게 이루어진 주위에 존재하는 모든 것들에게 감사의 뜻을 전합니다. 사랑합니다.

천사들이 들려주는 이야기 29

** 내 인생의 절대자

사람들과 소통을 하면서 느낀 것 중의 하나가 우리의 의식은 스스로에 대해서 참 과소평가하면서 살고 있구나 하는 것이었습니다.

빙의 문제로 고민하시는 분들도 생각보다 많으시고 그 외 어떠한 외부존 재에 대한 지나친 믿음으로 오히려 삶에서 큰 고통을 받고 있는 분들이 꽤 많으셨습니다.

긍정적인 의존에서 시작된 것이 서서히 자신을 잃어가며 엉뚱한 곳에서 헤매고 계신 분들이 많으셨습니다.

저는 딱히 종교에 대해서 아는 바가 없습니다만 제 지인 중에 한 분이 자신이 잘 알고 있는 절이 있는데 예로부터 땅의 기운이 특별하고 강한 곳이 라 하니 한 번 가보라고 하는 겁니다.

그 후 바람도 쐴 겸 지인들과 함께 그 절에 가보았습니다.

그 절은 지리산 깊은 곳에 자리 잡고 있었는데 그중에서도 더 깊은 곳에 있는 산신각이란 곳에서 예로부터 많은 일들이 일어났다고 하더군요.

에너지를 잘 느끼는 분들 말로는 그곳의 터가 너무 세서 들어가면 버티 기 힘들다고도 하고, 예전 어떤 사람은 그곳에서 밤을 새우며 기도하다가 미쳐 나오기도 했었고, 어떤 사람은 그곳에 갔다 온 후에 무속인이 되었다 고도 하고 또 얼마 전에는 두 명의 남자가 그곳에서 밤을 새우다가 한 명이 갑자기 심장마비로 죽어 나왔던 일도 있었다고 했습니다.

참 섬뜩한 말들이죠.

저의 호기심 많은 지인들은 기왕이면 으슥한 깊은 밤에 가보자고 다들 의견이 모아져서 자정이 넘은 시각에 마치 담력테스트를 받는 모양으로 그 유명한 산신각이란 곳에 오르게 되었습니다.

드디어 깊은 산골, 어둠 속에 촛불 하나 켜놓은 으스스한 산신각으로 들어가 자리를 잡고 앉았습니다. 그리고 늘 하듯이 편안하게 정화를 했습니다. 인사를 한 거죠. 그리고 저에게 당신의 존재를 느낄 수 있게 해달라고 부탁도 했습니다.

그러자 별로 예민하지 않은 제가 느끼기에도 엄청난 어떤 기운이 마치 제 몸을 꽁꽁 묶는 것처럼 강하게 저를 휘감기 시작했습니다.

"느끼게 해주셔서 감사합니다"라고 말 한 뒤, 본격적인 질문 공세에 들어갔습니다.

"당신의 존재는 무엇인가요? 우리들이 말하는 신이란 존재인가요? 산신령 같은? 아님 귀신같은 존재인가요?"

"나는 그저 오랜 시간 이곳에 서려 있는 에너지일 뿐이다. 그런 단어들은 너희들이 만들지 않았느냐. 나는 그냥 이곳에 존재할 뿐이다."

"제가 듣기론 이곳에서 미쳐나간 사람도 있고 무속인이 된 사람도 있고 심지어는 죽기까지 하고 또한 이곳에서 귀신을 봤다느니, 호랑이가 덤볐다느니 이런 소문이 많던데 왜 그러신 건가요?"

"내가 그런 것이 아니다. 나는 없는 것을 만들어내지 못한다. 그저 에너지일 뿐이고 그저 너희 자신을 선명하게 드러낼 수 있도록 압박할 뿐이다.

너희 안에 있는 자원들이 드러났을 뿐이다. 죽을 사람은 죽음이 선명하게 드러나고, 성공해야 할 사람은 성공이 선명하게 드러나고, 미쳐야 할 사람은 미친 자원이 선명하게 드러났을 뿐이다.

또한 너희 안에 들어있는 두려움이 공포의 형상을 만들어 낸 것이지. 네 안에 두려움이 없다면 그 어떤 곳에서도 두려울 일이 생기지 않을 것이다."

"에너지라고 하셨는데 잘 이해가 안 됩니다. 바다신, 산신, 이런 존재들을 말하는 겁니까?"

"이 세상엔 인간의 의식으로 파악할 수 없는 수없이 많은 에너지가 존재한다. 그것의 체계를 다 이해하는 것은 거의 불가능한 일이다."

"음~ 아무튼 감사합니다. 저에게 조언을 해주실 게 있으신가요?"

"넌 카리스마가 부족하다. 내가 말하는 카리스마란 자신감을 말하지."

"그건 저도 인정합니다."

참 인상 깊은 경험이었습니다.

두려움을 가지고 들어갔지만 사실 제 안엔 두려움이 없다는 것을 확인하는 자리가 되었습니다.

우리 안에 없는 자원은 절대 외부에서 생겨나지 않습니다.

씨를 뿌리지 않은 자리에 열매나 꽃이 자랄 수 없는 자연의 이치와 똑같은 것입니다.

내 안에 두려움이 있기 때문에 두려운 일이 생기고, 내 안에 미움과 불신이 있기 때문에 배신과 분노할 일도 생기는 것입니다.

외부는 우리를 가장 냉정하게 비추는 거울입니다.

거울을 보고 원망하고 슬퍼하고 변하기를 바라고 화내고 설득한들 거울은 거울일 뿐입니다. 진짜 모습을 손대고 바로잡아 나가야 거울에 비춰지는 '나'라는 세상도 변하는 것입니다. 늘 강조해왔듯이 나의 진짜 자원을, 나의 진짜 뿌리와 씨앗을 바로 잡는 것이 정화와 소통입니다.

다시 말해 내 세상을 만들어내는 주체가 '나'라는 것입니다.

절대적인 신이 계신들 우리에게 베푸는 그 절대적인 사랑이란 것이, 어쩌면 결국 자유와 존중일지 모릅니다.

스스로 만들어가고 스스로 깨닫고 바로잡아 나가면서 성장해가는 이 과정들을 존중해주는 것 말입니다.

몇 년 전, 경주에 갔다가 석굴암에 들렀던 적이 있었습니다.

뭔가 엄숙하고도 카리스마 넘치는 에너지가 나오는 듯했습니다.

역시 그곳에서도 정화를 하고 말했습니다.

"아~ 엄청난 카리스마가 나오는 것 같아요. 아주 강한 것 같아요."

그러자 이런 메시지를 전해주었습니다.

"세상에 가장 강한 존재는 살아있는 생명인 너희들의 에너지야. 그 어떤 강한 에너지라 하더라도 너희들이 스스로 허용하지 않는다면 소용없어지지."

내가 '나'임을 바로 알고 내가 '나'임을 온전히 받아들여 하나가 된다면 우리는 어쩌면 가장 소중하고 강한 존재일지도 모릅니다.

여기서 강하다는 건 남에게 영향력을 행사할 수 있는 절대적인 힘을 말하는 것은 아닙니다.

내 인생을 내가 만들어가고 바꾸어가는 내 인생의 주인 됨을 말하는 것입니다.

우리가 약하다는 건 착각입니다. 잊지 마세요.

당신 인생 안에서 절대자는 당신밖에 없습니다.

천사들이 들려주는 이야기 30

** 전생 이야기

정화와 소통을 하기 시작하면서 완전히 새로운 세상을 보기 시작했습니다. 늘 존재는 하고 있었지만 예전에는 미처 보이지 않았던 세상들 말입니다.

다 죽어있다고 생각했던 사물이나 자연들이 너무나 생생하게 깨어나 교감을 해오고 그런 경험들이 천사이야기에 고스란히 담겨 있습니다.

이번에는 사람들 안에 있는 천사들이 들려주는 이야기를 해볼까 합니다.

전 사실 혼자 조용히 있는 시간을 좋아해서 많은 지인이 있는 사람은 아닙니다.

그런데 언제부터인지 강의나 모임 등을 통해 새로운 사람들과 소통을 하게 되는 기회가 늘어나기 시작했습니다.

마치 저를 기다리고 있었던 사람들처럼 자연스럽게 그리고 편안하게 그들과 교감을 하게 되더군요.

정화와 소통을 하다 보면 베일에 가려져 있던 '인생'이란 모습이 서서히 드러나기 시작합니다. 내가 이생을 살고 있는 목적이 무엇이며, 어느 곳을 향해 가고 있는지, 그동안 어떤 일정한 패턴 속에서 반복을 해오고 있었는지, 사소하게 지나쳤던 그 일들이 그 사건들이 그 인연들이 사실은 다들 저마다의 소중한 의미를 가지고 있었다는 것 또한 말입니다.

참 신기한 것은 제 인생이 보이기 시작하면서 다른 이들의 인생도 마치 옅은 수채화처럼 대략적인 큰 그림이 보일 때가 있다는 것입니다.

물론 제가 타인의 인생을 점치거나 예지력이 있다는 건 절대 아닙니다.

그리고 제가 상대방의 기억이나 잠재의식의 부분을 일부 느끼더라도 늘 말씀드리지만 어디까지나 저의 주관적인 느낌입니다.

그래서 타인에게 무언가를 전달하는 것보다는 그냥 정화만 하고 넘어가는 경우가 대부분입니다.

그들에게 '안다'라고 말하기에는 너무나 객관적인 증거가 없으니 말입니다.

하지만 가끔 상대방의 잠재의식이 간절하게 자신의 현재의식에게 전달해달라고 하는 부분이 있을 때가 있습니다. 그런 경우에는 조심스럽게 말씀을 드리기도 합니다.

얼마 전 강의에서 한 여자분이 저에게, 본인의 인생의 목적이 뭔지 좀 알려달라고 했습니다. 처음에는 "제가 어떻게 선생님 인생의 목적을 알겠습니까?"라고 말하고 넘어가 버렸습니다. 사실 그 말이 맞구요. 그런데 신기하게도 그분의 잠재의식이 아주 강하고 선명하게 '봉사, 봉사, 봉사'라는 말을 반복해서 하는 것입니다.

그분의 잠재의식이 자신의 현재의식이 알아주기를 간절히 바라고 있었습니다. 그래서 그분에게 봉사라는 말을 전달해드렸습니다. 그랬더니 그분 말씀이 정화를 하기 시작하면서 이상하게 봉사할 기회가 계속 생기고 있다는 것입니다.

사실 현재의식이 인식하지 못하고 있었을 뿐, 이미 그분의 잠재의식은 인생의 궁극적인 목적을 향해 길을 안내하고 있었던 것입니다.

그리고 이어 아래에 소개해드릴 몇 분의 사연은 각자의 잠재의식이 올려준 메시지 중에서도 그들의 '전생'에 관한 것들입니다.

사실 '전생'이라는 단어를 그대로 써야 할지 '이전의 삶' 등과 같은 말로 돌려 써야 할지 지금 이 순간에도 고민되는 것이 사실입니다. 그만큼 많은 논쟁 속에 있는 소재이기 때문입니다.

사실 저 또한 정화와 소통을 하기 전에는 눈에 보이지 않는 세상은 다 믿지 않았습니다. 어떤 증거가 없으면 다 거짓이라고 생각해버렸습니다.

그리고 아직도 그런 저의 성향이 조금은 남아있지만, 케오라를 만나게 되면서 적어도 이제는 눈에 보이지 않는 세상이 시각적으로 보이는 세상보다 훨씬 크다는 것에는 동감을 하고 있습니다. 그런 맥락에서 '전생'이란 것도 개인적인 견해이지만 아마도 있지 않을까 싶습니다.

케오라가 이런 말을 한 적이 있었습니다.

"이 삶은 끝도 아니고 시작도 아니야. 너무나 많은 여정에 한 과정일 뿐이지."

저 같은 경우는 막연하게 인식하고 있던 전생이란 것을 최면세션 중에 접해볼 기회가 있었습니다.

'전생'이란 게 존재하고 있다는 믿음은 가지고 있었지만, 정작 저 같은 경우 최면상담 세션을 진행할 때 전생이라는 테마를 놓고 작업하지는 않습니다.

과거 생에 문제의 원인이 있다 하더라도 사실 거기에 연결되어있는 이번 삶에서의 최초의 기억을 찾아 해결하는 것만으로도 충분한 정화가 될 수 있기 때문입니다.

그럼에도 불구하고 가끔은 내담자 스스로가 전생으로 역행할 때가 있습니다.

그렇게 드러난 전생이라고 해서 사실 다 믿을 순 없습니다.

왜냐하면 일단 그것이 실제 전생이라 하더라도 의식적인 차원에서 이미 수많은 기억이나 정보로 왜곡되었을 가능성이 아주 크기 때문입니다.

그래서 상담 세션 중에 드러난 전생은 그것의 사실 여부를 떠나서 그 사람의 내면이 올려준, 현재 이 삶에 영향을 주고 있는 하나의 단서로써 활용을 합니다.

그리고 사람들을 만나 정화를 하게 되면 가끔은 그 사람의 내면에서 그 사람에게 관련된 메시지나 때로는 전생인 듯 보이는 모습을 보여줄 때도 있습니다.

오해는 마세요. 늘 그렇다는 것은 아닙니다. 저는 전생을 보는 특화된 능력이 있는 사람이 결코 아닙니다. 아주 가끔 강하게 보여질 때가 있다는 것이고 또 이러한 스토리나 이미지 또한 절대적인 전생이라고 단정 짓기보다는 어쩌면 그의 잠재의식이 저에게 보여주려는 메시지의 효율적인 표현방식 중의 하나일 수도 있습니다.

필자가 논쟁을 싫어하는 관계로 이런저런 조바심에 서론이 참 길었습니다. 현명한 여러분들이 저의 뜻을 잘 이해하셨으리라 믿고 개인적으로 뿌듯했던 사연들을 본격적으로 이야기하겠습니다.

몇 년 전에 뵙게 된 여자분입니다.

너무 로맨틱하고 분위기 있게 생기신 분인데 눈빛은 마치 이 세상을 다 포기한 듯 생명력이 없었습니다. 그분을 정화하니 그분의 잠재의식이 몇 가지를 저에게 보여주었습니다.

그 여자분의 전생인 듯 보인 장면에서는 한 젊은 남자가 삶에 대한 회의감과 고독함으로 가득 찬 채 방랑하고 있는 모습이었습니다. 옷이며 머리며 초라한 모습을 하고 있었지만 내면에는 왜 살아야 하고 나의 존재는 무엇인지에 대한 끝도 없는 갈망으로 힘겨워하면서 방황하는 모습이 아주 강렬하게 와 닿더군요. 그건 마치 거지나 노숙자라기보다는 고뇌에 가득 찬 예술가의 모습에 가까웠습니다. 그리고 그 여자분의 눈빛엔 전생에 고뇌하던 남자의 슬픈 눈빛이 가득 차 있었습니다. 이생을 살지만 전생의 끈에서 벗어나지 못하고 있는 듯 보였습니다. 그리고 뒤에 안 사실이지만 그분 말씀이 일생을 전생의 그 남자처럼 이유도 없는 목적도 없는 답답함 속에서 이것저

것에 매달리면서 무엇인가를 찾고 있다는 것입니다.

더 이상은 너무 지치고 힘들어서 살 의욕이 없다고도 하셨습니다. 사실 가장 큰 문제는 그 방황과 답답함이 어디에서 온 것인지, 왜 이러고 있는지 조차 모른다는 것입니다.

그리고 며칠 뒤, 다시 만난 자리에서 그분이 그림 하나를 보여주셨습니다. 그건 어떤 남자의 모습이었는데 일단 그분의 화가 못지않은 그림 실력에 놀랐고 또 한 가지 너무나 놀랐던 것은 제가 느꼈던 그분 전생의 모습과 그 그림이 너무나 일치하더라는 것입니다. 그래서 제가 느꼈던 부분에 대해서 말씀을 드렸고 그 후 몇 개월이 지나 다시 뵙게 되었을 땐 정말 엄청나게 변해있었습니다.

사실 그분은 저랑 상관없이 '울트라 뎁스®'라는 교육을 통해 이미 내면과의 소통을 너무나 열심히 하고 계신 분이기도 했지만, 나름대로 자신이 왜 이 삶에 방황하고 있었는지 그 이유를 알게 되면서 의식적인 통찰로써 큰 힘을 얻게 되신 듯했습니다.

그것도 그럴 것이 그분의 잠재의식은 그분에게 힘을 내줄 것을, 더 이상 과거의 기억으로서가 아니라 진짜 이 삶의 주인공으로서 새롭게 시작하기를 간절하게 바라고 있었습니다.

그걸 그분이 알게 되면서 모든 것들이 빠르게 진전된 게 아닌가 싶습니다. 현재의식이 제대로 인생의 주인으로서의 역할을 찾기 시작한 것이죠.

그렇게 오랜만에 뵙고 너무나도 달라진 모습에 놀라고 있는데, 그분 또한 그렇게 말씀하시는 겁니다.

"마치 완전히 새로운 사람으로 변해버린 것 같아요. 예전의 저를 생각해 보면 지금의 저는 완전히 다른 인격체 같습니다."

어찌나 뿌듯하던지요.

그리고 저에게 이런 질문을 하셨습니다.

"요즘 들어 계속 기차라는 메시지가 일어나는데 뭔가 기차에 대한 정화거리나 트라우마가 있었던 게 아닐까 싶어요. 그리고 매주 기차를 타고 장거리 교육을 가게 되었는데 그것도 우연은 아닌 것 같구요. 뭔가 기차를 매주 타면서 정화를 하고 있는 게 아닐까요? 한편으론 조나단(그분이 체험한 전생의 남자 이름입니다.)이 기차사고로 죽었던 게 아닌가 싶기도 하구요."

하지만 그분의 잠재의식이 저에게 보내주는 메시지에 의하면 트라우마나 단편적인 사고는 아니었습니다.

"제가 느끼기엔 기차라는 것이 다른 의미가 있는 것 같습니다. 전생의 조나단에게 기차라는 것은 방황의 시작을 알리는 결정적인 매개체였습니다. 기차로 방황이란 것을 시작하게 되었고 그것을 계기로 인생 전체가 방황, 방랑이라는 틀 속에 갇히게 되었죠. 선생님이 지금 느끼는 기차라는 것은 전생을 정화하고 벗어나는 신호탄 같은 겁니다. 같은 기차지만 완전히 다른 의미를 가지고 있죠. 선생님에게 기차는 그동안 멈춰있던 인생이 드디어 역동적으로 움직이기 시작한다는, 뭔가 살아있고 어디든지 내가 원하는 것을 할 수 있다는 긍정적인 시작을 알리는 매개체입니다. 조나단에게 기차가 방랑이라는 틀이었다면 선생님에게 기차는 그것으로부터 벗어나는 자유를 상징합니다. 그리고 그건 선생님의 달라진 눈빛이 그대로 전달해주네요."

그렇게 말씀드리니 그분 또한 공감하시면서 하시는 말씀이, 이상하게 기차를 타는 데 기분이 좋더라는 겁니다. 그리고 삶에서 또한 너무나 많은 변화들이 생기기 시작하고 모든 게 너무 좋다고 말씀하셨습니다.

그분의 변화에 있어서 제가 큰 영향을 준 것은 없습니다. 사실 증거도 없는 황당한 이야기였을 뿐일지도 모릅니다. 하지만 그것을 본인 스스로 너무나 현명하게 자신의 인생을 위해 잘 활용하셨고 꾸준한 소통과 정화로 완전히 다른 삶을 살게 된 것입니다.

이렇게 변화해가는 사람들의 모습은 저에게 너무나 큰 기쁨입니다.

그리고 이분의 경우를 통해, 소통으로 잠재의식이 활성화됨과 동시에 현재의식의 통찰이 더해지게 되면 엄청난 변화가 온다는 것을 다시 한 번 확인하게 되었습니다.

(다음에 이어질 '그들이 들려주는 이야기 4' 편에서 이분의 생생한 경험담을 다시 볼 수 있습니다.)

또 다른 분의 경우, 몇 번 만나면서 그분을 통해 제가 보게 된 장면들은 큰 배를 타고 있는 모습이었습니다.

정화를 하면서 조금 더 선명하게 느껴진 것은 어느 나라인지는 모르겠으나 귀한 신분으로 나라를 대표해서 외국문물을 받아들이기 위해 외국에 나가 있었다는 것이었습니다.

너무나 신기하고 새로운 것들을 접하면서 한없이 들뜨고 즐겁게 있다가 갑자기 다시 자기 나라로 돌아오게 되면서 그 배 안에서 가슴으로 울고 있는 것입니다.

"아~ 답답해. 난 더 많은 새로운 것들을 경험하고 싶은데… 다음 생에선 반드시 많은 세상을 돌아다니면서 많은 경험을 하겠어."

이런 강한 의지가 지금 이분의 삶에서도 큰 영향을 주고 있었습니다.

실제로 이분은 이미 많은 나라에서 여러 가지 경험들을 하셨고 또 본인의 꿈이 100개국을 여행하는 거라 하시더군요.

그리고 제 이야기를 듣고 놀라서 하시는 말씀이 이 삶에서도 너무나 비슷한 경험을 이미 하셨다는 것입니다.

외국에서 이것저것 경험하면서 신나게 살다가 어느 날 집안에 일이 생겨서 어쩔 수 없이 급하게 우리나라로 들어오게 되었는데 그때 비행기 안에서 전생으로 보이는 듯했던 장면과 거의 같은 심정을 느꼈다는 것입니다.

하지만 이생은 다릅니다. 전생처럼 묶여있지는 않을 겁니다.

제가 그분을 정화하면서 바다에게 물은 적이 있습니다.

"저 사람은 어때 보여?"

그러자 바다가 저 사람에겐 날개가 달려있다고 하는 것입니다.

우리가 두 발로만 움직일 수 있다면 정해진 시간 안에 할 수 있는, 경험할 수 있는 것들에는 한계가 있을 수밖에 없습니다.

하지만 만약 우리에게 날개가 있다면 같은 시간 안에 많은 곳을 돌아다니면서 많은 경험을 할 수가 있을 것입니다. 실제로도 이분을 보면 이미 너무나 바쁜 와중에도 많은 일들을 하고 계십니다. 앞으로도 아마 하나뿐인 생이지만 여러 생을 사는 것처럼 많은 것들을 경험하고 즐기다가 가실 듯합니다.

이분의 잠재의식이 저에게 이런 말을 한 적이 있었거든요.

"난 즐거운 경험을 할 때 정화가 돼."

평생 즐거운 체험 많이 하시길 바랍니다.

케오라가 '전생'에 대해 이렇게 말했습니다.

"전생은 영혼의 일기장 같은 거야. 오래된 일기장.

만약 그 일기장을 엿보게 된다면 무시하지 말고 진지하게 읽어봐. 어쩌면 그 속에 그 오래된 기록들 속에 지금 내가 풀지 못 하고 있는 키가 들어있을지도 모르니까…."

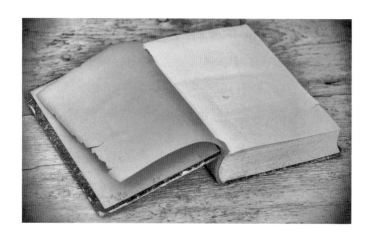

그들이 들려주는 이야기 4

** 최은심 님

"삶은 축복이야."

제 내면의 안내자(잠재의식) '수정'이 처음 들려준 말입니다. 물론 언제나 제게 무언가를 말해주었겠지만 들을 수 없었던 오랜 시간들을 지나서 어느 봄날, 정말로 축복처럼.

그 순간 하나의 우주가 열렸으며, 모든 것이 있는 그대로 충분하고 완전하다는 것을 의식적으로 알아차리고 받아들일 수 있었습니다.

이것을 시작으로 새로운 인연이 나타났습니다.

핑크돌고래님과 케오라의 '천사들이 들려주는 이야기'였지요.

"내 앞에 나타난 모든 인연과 일어나고 있는 모든 현실, 보이는 만물의 모습이 내 모습이다"라는 케오라의 메시지를 읽으며 눈물이 쏟아졌습니다.

그냥 받아들여졌거든요. 모든 것을 인정하고 손을 들었습니다. 내가 그렇게 애쓰며 고통스러워했던 것들이 심지어 한심하게 느껴지기까지 했으니까요. 입으로는 늘 그런 말들을 해왔지만 마음속으로 인정할 수 없었던 내 현실이 '무의식적인 패턴대로, 기억과 카르마가 이끄는 대로' 펼쳐져 왔다는 것을 온몸으로 알게 되자, 손에 쥐고 있던 무언가를 '툭' 놓았습니다. '틀에 갇힌' 삶으로 연결된 끈이 끊어지고 다른 방향을 볼 수 있게 된 것이지요.

핑크돌고래님은 제 내면의 안내자(잠재의식) '수정'이 전해준 퍼즐 조각을 하나의 그림으로 완성할 수 있도록 도와주셨고, 그 그림은 이전 생에서 가져온 제 '짐'을 알아차리는 데 충분했습니다.

제가 '울트라 뎁스®'라는 교육 프로그램을 수강하면서 경험한 이전 생의 '그'는 방랑자였습니다. 그는 자기 삶과 존재의 진실을 찾기 위해 오래도록 떠돌았고 힘겨워했습니다. 그렇게 방랑하던 이전 생의 '그'를 통해, 여전히 어딘가 있을지도 모를 해답을 찾아 서성이는 현재의 저를 보았습니다.

겉으로는 안정된 교사라는 직장과 가정을 가진 평범한 사람이었지만 마음은 광야를 헤매는 들짐승처럼 춥고 어두웠으며 알 수 없는 갈망에 시달렸습니다. 언젠가 저는 '내가 살아있는 시체 같구나'라는 생각을 했었습니다.

그 후, 몇 달 만에 제 삶은 완전히 달라졌습니다. 핑크돌고래님의 글에서처럼 '기억에 의해 재생된 삶'의 조건들은 바뀌지 않았지만, 그것을 다루는 제 태도가 똑같은 상황을 다르게 인식할 수 있도록 변화한 겁니다. 또한 그 삶의 조건들을 통해서 제가 성장할 수 있었던 것이기에 그마저 토닥이며 가려고 합니다.

내면의 영감과 소통하는 일이 그렇게 쉬운 것만은 아닌 것 같습니다. 그렇지만 특별한 누군가만 할 수 있는 일도 아닙니다. 삶이 안내하는 현실에 작은 의문을 가지게 될 때, 외부가 아니라 스스로의 내면을 향해 질문을 하는 것, 핑크돌고래님의 이야기처럼 이 소통의 시작이 아닐까 생각합니다.

여전히 내면의 영감이 전하는 메시지를 명확히 알아차리지는 못하지만 제 안에서 들리는 소리들에 민감하게 열려 있으려고 합니다. 처음엔 이것이 내 기억에서 오는 메시지일까, 영감에서 오는 것일까에만 관심을 가졌습니다. 하지만 이제는 그렇게 하지 않습니다. 어디에서 온 것이든 그냥 내 것으로 존중해주라는 핑크돌고래님의 글처럼 그렇게 합니다. 그것이 무엇이든 저의 성장을 위해 준비된 것이라는 데 이견이 없으니까요.

케오라의 이야기를 하나 옮겨보겠습니다.

"순수함이 물으면 순수함이 답할 것이고 기억으로 물으면 기억이 답하겠지. 고요함이 물으면 고요함이 답할 것이고 감정이 물으면 감정이 답하겠지……."

이 글을 읽고 처음에는 당황했습니다. '내 안에 온갖 것이 다 있는데 이것을 어떻게 구별해내지?'하고 말입니다.

앞서 말했듯이 구별하려고 애쓸 필요가 없었어요. 감정이 답했으면 그 감정을 보라는 것이고, 기억이 답했으면 그 기억을 알아차리라는 것이니까요. 그냥 알아차리고 내려놓는 것이 다입니다.

'수정'과 함께 걸어가는 길은 든든하고 즐겁습니다. 얼마 전에 있었던 이야기를 하나 들려드리겠습니다. 모처럼 한가한 어느 날, 혼자 운문사 사리암에 갔습니다. 가기 전날, '수정'의 안내로 가게 되리라는 것을 알았고 그날 밤 꿈을 꾸었습니다. 자전거를 타고 도로를 건너다가 도로에 깊게 뚫린 구멍으로 추락하는 꿈이었습니다. 자전거 타는 일이 익숙하지 않아서 도로에 들어서기 전에 이미 저는 두려워하고 있었고, 도로를 건너는 동안 조마조마한 마음이었습니다. 마치 천천히 재생되는 영상처럼 자전거와 함께 추락하면서 순간적인 알아차림이 있었습니다. 추락하는 일은 그냥 아무것도 아니구나. 추락하기 전에, 구멍을 보는 순간 두려움이 현실이 된다는 공포가 엄청났던 겁니다. 그 이후는 편안했습니다. 추락하는 것만이 사실이니까요.

그 꿈은 사리암에 가는 경험을 예고하는 것이었습니다. '수정'은 제가 알아차릴 만한 상징적인 꿈을 통해 메시지를 전달한 것이지요.

제가 경험한 것은 어떤 '사건'이 아니라 제 태도의 완전한 전환에 관한 것이었습니다. 아무 일도 일어나지 않았지만, 그날 저는 두려움과 사랑을 맞

바꾸었지요. 물론 사리암에 계시는 '나반존자'님의 선물이기도 했습니다. 나반존자님을 모신 천태각 앞에 서자, "수고했다. 너의 내면을 믿고 가라. 너의 내면에 있는 것이 보석이다"라는 말이 들리는 것 같았습니다. 마치 제 머리를 쓰다듬어주시는 듯한 느낌이 들었습니다. 제가 가지고 있던 '외부'를 향한 두려움이 녹고 더 큰 사랑으로 통합되어 간다는 느낌이 선명했습니다. 그날 이후 '외부'를 향한 저의 방식이 확연히 달라지는 것도 알 수 있었습니다.

저는 '7월 2일 생(生)'입니다. 그날은 제가 새로 태어난 날이지요.
'짐'을 내려놓고 삶을 껴안을 수 있겠다 싶었던 날이고, 하나의 '새로운 운명'이 시작된 날입니다.
그날을 기념하는 그림을 그려두었어요. 매년 이날이 되면 제 삶을 축복하는 의미로 특별한 일을 해볼 생각입니다. 올해 첫돌을 맞을 거예요.

제 내면의 안내자 '수정'은 항상 말합니다.
"사랑해."
"고마워."

'수정' 덕분에 언제나 그 말이 제 안에 가득하다는 것이 경이롭고 기쁩니다. 물론 여전히 화를 내고 있고, 섭섭해 하고 있으며, 짜증을 부리고 있지만 그런 부정적인 표현마저도 이것을 정화하라는 메시지로 읽는다면 얼마나 큰 선물인지요.
화를 내어도 그 나를 사랑합니다. 짜증을 부려도 그 나를 사랑합니다. 이렇게 충분히 나를 존중해주다 보면 언젠가 저절로 감정으로부터 자유로울 수 있을지도 모릅니다. 그것이 제게 허락된 일이라면 무엇이든 허락된 만큼의 선물을 받게 될 터이니 기대조차 필요하지 않을 겁니다.

아침이 오는 것이 좋습니다. 아침이라서 기쁨으로 가득합니다. 저녁이 오면 저녁이 참 포근하게 느껴집니다. 다른 일들과 상관없이 온전히 그것만, 그 순간만을 느낄 수 있어요.

좋은 사람들을 만나고, 좋은 일들이 일어나고 있습니다. 삶이 특정한 방향으로 곧장 나아가고 있다는 것이 느껴져요.

제 안에서 솟아오르는 새로운 힘이 새로운 상황을 만들어내며, 원하는 삶을 향해 움직여가고, 인생의 진정한 주인으로 살도록 하고 있다는 것을 압니다.

삶이 축복임을 가르쳐준 내 친구 '수정'에게 저도 항상 말합니다.

"사랑해."

"고마워."

* 핑크돌고래님의 블로그에서 일부 인용된 글입니다.
또한 문장 안에도 인용된 표현이 있습니다.

마지막 에피소드

Ⅰ.

15년 만에 처음으로 천사 글을 수정하기 위해 '한글프로그램'을 사용해 봤습니다.

그동안은 그냥 메모장에 낙서하듯 써내려 간 게 다였거든요.

그런데 한참 중요한 부분을 수정하고 보완하던 중 갑자기 블록이 죽 형성되더니 글이 몽땅 지워져 버리는 겁니다.

'이런… 이걸 어떻게 기억해서 다시 쓰지.'

울상을 짓고 있는데 갑자기 나도 모르게 왼쪽 손이 ctrl+Z 키를 누르고 있는 겁니다.

그리곤 너무나 다행스럽게 사라진 글이 모두 복구가 되더군요.

"이야~~ 케오라 대단한데? 도대체 어떻게 안 거야?"

"15년 전에 썼었잖아. 그 기억 속에서 정보를 찾아냈지."

방치되어있는 정보와 기억덩어리는 내 인생에 '문제'라는 것을 일으키는 골칫덩어리입니다.

하지만 잠재의식에 의해 관리되어지고 있는 정보와 기억은 이렇게 인생 곳곳에 소중한 자원으로 활용됩니다.

Ⅱ.

저희 집 창문에서 밖을 보면 700년 된 당산나무가 보입니다.

워낙 오래되다 보니 함부로 손을 댈 수 없어서 그 나무 하나 때문에 주변 재개발이 취소되었을 정도로 유명하죠.

소문에 들자하니 그 나무를 함부로 손대면 그 동네에 안 좋은 일이 생길 거라고 하는 말들도 있더군요.

아무튼 보기에도 소문만큼 크고 으스스한 나무입니다.

얼마 전 무심코 밖을 내다보았는데 당산나무가 저에게 말을 거는 겁니다.

"내 얘기도 책에 넣어줘."

"뭐? 아… 안 돼요. 이미 수정작업 다 끝낸걸요. 그리고 넣을 만한 일도 없었잖아요."

"예전에 내가 너한테 한 말 넣어줘."

까마득히 잊고 있었던 몇 년 전의 일이 그렇게 갑자기 떠올랐습니다.

그러니 안 쓸 수가 없네요.

언젠가 그 당산나무 옆을 지나갈 일이 있었습니다.

당산나무 주위는 유독 가로등도 없고 으스스한데 하필 밤에 혼자 지나가게 되니 등이 오싹했습니다.

'와~ 700년을 살았다니… 소문대로 뭔가 다른데? 아~ 무서워. 빨리 지나가야지.'

그때 제 등 뒤에서 강한 메시지가 들려왔습니다.

"넌 나보다 더 오래 살았잖아. 네가 더 무서워."

순간 무서웠던 느낌은 사라지고 저도 모르게 웃음이 나왔습니다.

Ⅲ.

과일을 사러 갔습니다. 참외 몇 개가 담긴 바구니에 7,000원이라고 되어 있더군요.

마음 한켠으로는 '와~ 비싸네. 깎아달라고 해볼까?'하는 마음이 있었지만 이내 늘 그렇듯 말 한마디 못하고 조용히 과일을 사서 나왔습니다.

그때 제 뒤로 한 여자분이 들어가시더니 "너무 비싸네. 앞집엔 5,000원 하던데 그냥 5,000원해줘요."

"아~ 안 돼요. 참내 5,000원이라니. 그럼 6,000원에 가져가요."

보란 듯이 제 눈앞에서 1,000원을 깎고 나오는 걸 보면서 제 손에 있는 참

외가 유독 무겁게 느껴지는 겁니다.

사실 이런 경우는 제 인생에 늘 있는 일입니다.

무엇을 하든 따지지 못하고 흥정 한 번 못해 사소한 손해를 늘 보는 성격이거든요.

그렇게 조금은 씁쓸하게 돌아오며 케오라에게 말했습니다.

"내 친구들은 야무지게 저런 것도 잘만 하더니만 난 왜 이렇게 숫기가 없어서 늘 손해를 볼까? 케오라! 네가 대신 이런 것도 챙겨주면 안 돼?"

"아니. 손해 본다고 생각할 것 없어.

그 상대가 정해놓은 가치를 그대로 존중해줘.

그러면 나중에 그 누군가도 네가 가진 것의 가치를 그대로 존중해줄 거야."

평생 단점이라고 생각해 왔던 저의 부분이 그렇게 이제는 장점이 되었습니다.

에필로그

세상엔 아주 많은 길이 있다.

하지만 내가 가보지 않은 길은 존재하지 않는 길과 같다.

여행은 존재하지 않았던 곳에 나만의 새로운 길을 만드는 것이다.

지도를 가지고 목적지를 향해 열심히 또 다른 내 길을 창조해낸다.

나는 지구에서 손꼽히는 높은 곳에 내 길을 만들었으며

늘 상상 속에서 꿈꿔왔던 가장 아름다운 풍경 속에 내 길을 만들었다.

그리고 또 다른 여행의 매력은

이 소중한 길들을 과감히 뒤로하고 돌아올 줄 아는 것에 있을 것이다.

이제….

인생에서 또한 가장 높고 아름다운 곳에 내 길을 만들 것이다.

여행에서 했던 것처럼.

그리고 가장 크고 소중한 인생의 것들을 이생의 죽음 앞에 과감히 내려놓고

갈 것이다.

원래 나의 집. 영혼의 길을 가기 위해서….

– 어느 해 3월 알프스 리기산 가는 기차 안에서

오래전 용기로 시작했던 '여행'이라는 일탈의 길 하나가 그 후로 이렇듯 수많은 길을 만들어냈습니다.

별일 아닌 것처럼 보였던 그 길이 사실은 나의 인생의 방향을 완전히 달리한 한걸음이 되었던 것입니다.

우리의 잠재의식이 원하는 것은 우리가 우리 자신을 가장 소중히 여기고 사랑하는 것입니다.

그리고 우리의 잠재의식이 가장 슬퍼하는 것은 심층의식 속의 아프고 지쳐있는 기억이 '나'라고 착각하고 있는 것입니다.

내가 나를 위해 살겠다고 내 인생의 주인공이 되겠다고 결심하는 순간, 우리의 잠재의식은 나에게 손을 내밉니다.

우리가 심층의식을 향하고 있을 때는 결코 잡을 수 없었던 잠재의식의 손 말입니다.

여러분은 지금 누구의 손을 잡고 인생을 살아가고 있습니까?

'심층의식'이라는 무거운 짐을 둘러매고 가이드도 지도도 없이 무작정 오게 된 이번 삶이라는 여행. 많이들 지치고 헤매지 않으셨나요?

이제 그만 고집들 피우시고 '정화와 소통'이라는 지도를 따라가세요.

혼자 할 수 있다고 그만 억지들 피우시고 내 인생 최고의 가이드인 잠재의식의 도움을 받으며 가세요.

천사들이 들려주는 이야기는 제가 여러분에게 드리는 선물이 아닙니다.

여러분의 잠재의식이 여러분에게 주는 선물입니다.

감사합니다. 사랑합니다.

내 인생의 호오포노포노

: 천사들이 들려주는 이야기

내 아이를 위한 정화

: 자녀를 사랑하는 부모들을 위한
정화 가이드북

내 인생의 날개를 펼쳐라

: 현실을 바꾸는 내면의 비밀

**나는 왜 호오포노포노가
안 되는 걸까?**

: 천사들이 들려주는 이야기 세 번째 시리즈

영혼의 매트릭스

: ICS 정화와 소통

의식을 여는 마스터키, 최면

: 메즈머리즘에서 울트라 뎁스® 까지

최면, 써드 제너레이션

: 에고를 넘어서

**KMH 전문가 그룹
최면상담 사례집**

: 무의식 리-프로그래밍

내 인생의 호오포노포노
: 천사들이 들려주는 이야기

초판 1쇄 발행 2016년 05월 20일
초판 3쇄 발행 2023년 05월 12일

지은이 이영현
펴낸이 류태연

펴낸곳 렛츠북
주소 서울시 마포구 양화로11길 42, 3층(서교동)
등록 2015년 05월 15일 제2015-000088호
전화 070-4786-4823 | **팩스** 070-7610-2823
이메일 letsbook2@naver.com | **홈페이지** http://www.letsbook21.co.kr
인스타그램 @letsbook2 | **블로그** https://blog.naver.com/letsbook2

ISBN 979-11-86836-64-4-03190